Espaces littéraires

Désobéis!

Christophe Léon

Espaces littéraires | Désobéis!
Christophe Léon

Herausgeber: Otto-Michael Blume
Vokabelannotationen und Aufgaben: Dirk Philipp
Verlagsredaktion: Sandra Brandstetter
Umschlaggestaltung: werkstatt für gebrauchsgrafik, Berlin
Layout und technische Umsetzung: Buchgestaltung + Berlin

Quellenverzeichnis: Abbildungen: Coverfoto: Image Source/Corbis/Paul Michael
Hughes, **S. 163** Cornelsen Schulverlage, Laurent Lalo
Texte: **S. 157–158** Le Manifeste des Désobéissants, Xavier Renou – Collectif des
Désobéissants; **S. 160–162** Indignez-vous, Stéphane Hessel, Indigène éditions,
collection « Ceux qui marchent contre le vent », 2010; **S. 167–168** Carlos
Charlemoine, Pablo Charlemoine, Andreas Spreier, Felix Mussell, 2013

Verwendete Abkürzungen

adj.	adjectif	litt.	littéraire	prep.	préposition	jmd	jemand
adv.	adverbe	loc.	locution	pron.	pronom	jdm	jemandem
conj.	conjonction	m.	masculin	qc	quelque chose	jdn	jemanden
expr.	expression	péj.	péjoratif	qn	quelqu'un	etw.	etwas
f.	féminin	pl.	pluriel	subj.	subjonctif		
fam.	familier			vx.	vieux		

www.cornelsen.de

Die Links zu externen Webseiten Dritter, die in diesem Lehrwerk angegeben sind,
wurden vor Drucklegung sorgfältig auf ihre Aktualität geprüft. Der Verlag übernimmt
keine Gewähr für die Aktualität und den Inhalt dieser Seiten oder solcher, die mit
ihnen verlinkt sind.

1. Auflage, 2. Druck 2019

Alle Drucke dieser Auflage sind inhaltlich unverändert und können im Unterricht
nebeneinander verwendet werden.

© 2015 Cornelsen Schulverlage GmbH, Berlin
© 2019 Cornelsen Verlag GmbH, Berlin

Druck und Bindung: Livonia Print, Riga

ISBN 978-3-06024409-6

PEFC zertifiziert
Dieses Produkt stammt aus nachhaltig
bewirtschafteten Wäldern und kontrollierten
Quellen.

PEFC
PEFC/12-31-006

www.pefc.de

Désobéis!

Annexe

Ernesto

– Tu limes[1] jusqu'à ce qu'il[2] n'y ait plus la moindre[3] irrégularité. Je veux que le cul de chaque verre[4] soit bien rond et lisse[5], compris ?

Si mon grand-père avait encore été de ce monde, il aurait dit, avec cet air moqueur[6] que j'aimais tant chez lui :   5 « Le voilà fier comme un bar tabac[7] tout neuf ! » Il avait de ces expressions dont je ne comprenais pas grand-chose mais qui me ravissaient[8].

Je ne suis peut-être pas un bar tabac tout neuf, mais je ne céderais[9] ma place à personne.   10

Nous sommes, papa et moi, dans le garage attenant[10] à la maison, devant l'établi[11] en bois. Aux murs sont alignés[12] les outils[13] pendus à des crochets[14] – pinces[15], clés, tournevis[16], scies[17]…

1   limer: feilen
2   jusqu'à ce que *conj.*: solange bis
3   moindre *m./f. adj.*: *ici* plus petit
4   le cul de verre *m.*: Stiel (eines Glases)
5   lisse *m./f. adj.*: glatt
6   l'air *m.* moqueur: avec ironie *f.*
7   fier/fière comme un bar tabac: *expr.* stolz wie Oskar/ein Pfau
    (le bar-tabac: Gaststätte mit Tabakwarenverkauf
8   ravir: plaire beaucoup
9   céder: *ici* laisser
10   attenant/e *adj.*: angrenzend
11   l'établi *m.*: Werkbank
12   aligner: mettre en ligne
13   l'outil *m.*: Werkzeug
14   pendre à des crochets *m. pl.*: an Haken aufhängen
15   la pince: Zange
16   le tournevis: Schraubenzieher
17   la scie: Säge

Je m'applique[1] en donnant des coups de lime[2] réguliers d'un geste sûr du poignet[3]. De temps en temps, je fais passer la pulpe de mon pouce[4] sur la surface polie[5]. Quand plus rien n'accroche[6] la peau, je pose la flûte[7] en plastique
5   sur l'établi à côté des autres. J'en suis à ma sixième.

Il flotte dans l'air une odeur de brûlé[8] qui n'est pas désagréable bien qu'entêtante[9].

– Encore quatre et c'est bon, dit mon père.

Il se charge de couper les pieds des verres. Il utilise une
10   petite scie à métaux. Il coince délicatement la flûte dans l'étau[10]. Il serre à peine[11] pour ne pas la briser.

– Tu ne m'as toujours pas dit pourquoi il fallait découper les pieds des verres, papa.

J'ai douze ans, et pour la première fois papa a accepté
15   que je l'aide et plus tard l'accompagne.

Jusqu'à présent je me contentais[12] d'assister aux préparatifs. Ce n'était jamais la même histoire. Tantôt[13] papa se fardait[14] le visage, endossait un habit[15] de clown et partait ainsi déguisé[16] vers des destinations que je ne connaissais

---

1   s'appliquer à faire qc: sich bemühen, etw. zu tun
2   la lime: Feile
3   le poignet: Handgelenk
4   la pulpe de pouce *m.*: Daumenkuppe
5   la surface polie: polierte Oberfläche
6   accrocher: *ici* rester
7   la flûte: Sektglas
8   l'odeur *f.* de brûlé *m.*: Geruch von Verbranntem
9   entêtant/e *adj.*: betörend
10 coincer qc dans l'étau *m.*: etw. in einen Schraubstock einspannen
11 serrer à peine *adv.*: kaum festziehen
12 se contenter de: se limiter à
13 tantôt … tantôt *adv.*: mal … mal
14 se farder: sich schminken
15 endosser un habit: *ici* mettre (rapidement) des vêtements *m. pl.*
16 déguisé/e *adj.*: verkleidet

souvent qu'en lisant, le lendemain[1], l'article paru dans le journal local.

Tantôt ses amis venaient le chercher dans le bus que leur association avait acheté et peinturluré[2] avec des couleurs voyantes. Un bus qui ne passait pas inaperçu[3] dans le quartier. ⁵

Papa jouit d'[4]une petite réputation dans le voisinage[5]. Soit[6] on l'aime, soit on le déteste. Certains parlent de lui comme d'un dingue[7] à enfermer de toute urgence. D'autres l'admirent pour ses initiatives et sa détermination[8]. ¹⁰

Quant à moi, j'idolâtre[9] ce père que beaucoup de mes camarades de collège m'envient[10]. Il n'y a qu'à lire la jalousie[11] dans les yeux de quelques-uns pour comprendre que les leurs, de pères, ne sont pas à la hauteur du mien.

Papa me vaut[12] aussi des inimitiés[13] douloureuses avec ¹⁵ certains élèves. Il m'est arrivé de revenir à la maison avec des bosses[14] et des plaies[15] ou encore un œil au beurre noir[16].

– Sans le pied personne ne pourra poser son verre… me répond papa, sans me donner davantage[17] d'explications.

1	le lendemain: le jour après
2	peinturlurer: anmalen
3	passer inaperçu/e *adj.*: unerkannt bleiben
4	jouir de: profiter de
5	le voisinage: *ici* les maisons voisines *f. pl.*
6	soit … soit *adv.*: entweder … oder
7	le/la dingue: le fou / la folle
8	la détermination: Entschlossenheit
9	idolâtrer: admirer qn comme une idole
10	envier qn/qc: etw./jdn beneiden
11	la jalousie: Eifersucht
12	valoir: *ici* être la cause de
13	l'inimitié *f.*: l'antipathie *f.*
14	la bosse: Beule
15	la plaie: Wunde
16	l'œil *m.* au beurre noir *m.*: *fig.* Veilchen, blaues Auge
17	davantage *adv.*: plus

Papa pense que moins j'en sais, moins je ferai de bêtises. Il croit à l'esprit d'initiative au moment de l'action. Il me fait confiance, et cette nouvelle confiance est un cadeau inestimable[1].

5 – Voilà, c'est fini… Parfait, Ernesto ! Maintenant tu mets toutes les flûtes dans ce sac en toile[2], dit papa.

Mon véritable prénom est Lucian. Mais depuis hier soir, depuis qu'il m'a dit que je l'accompagnais à ce qu'il a appelé la fête, papa m'appelle Ernesto.

10 Derrière ce surnom qu'il me donne, je sais que se cache une attente[3] et j'ai le trac[4].

Papa a juste précisé qu'on me donnera les consignes[5] une fois sur place, que je devrai les suivre à la lettre[6] et que nous retrouverions là-bas de nombreux amis.

15 Nous descendons de voiture.

– On va devoir marcher un peu, Ernesto. Tu te charges du sac avec les verres, moi je prends celui-ci.

Je me démanche le cou[7] pour tenter[8] de voir à l'intérieur du sien.

20 – Petit curieux, dit papa. Ça t'intéresse de savoir ce qu'il y a dans ce sac ?

---

1 inestimable *m./f. adj.*: unschätzbar
2 la toile: Leinen
3 l'attente *f.* → attendre
4 avoir le trac: *expr.* être nerveux/-euse *adj.*
5 la consigne: l'ordre *m.*, l'instruction *f.*
6 à la lettre: en détail *m.*, mot *m.* à mot
7 démancher le cou: *expr.* sich den Hals verrenken
8 tenter: essayer

Il prend une anse[1] dans chaque main et les écarte. Le sac s'ouvre en grand. Vexé[2] d'avoir été pris en flagrant délit de curiosité[3], je détourne la tête[4].

– Couillon de la lune[5]! Fais pas l'imbécile[6] et regarde ! s'exclame[7]-t-il en présentant sous mon nez son contenu. 5

Dedans, ce ne sont que langues de belles-mères[8], cotillons[9] et chapeaux pointus[10] en carton.

– Tu croyais à quoi ? Des explosifs ?

Papa referme le sac.

– Allez, viens, on a une trotte[11] avant d'y arriver. 10

Nous marchons sans nous presser. Deux fois, papa consulte sa montre[12]. Deux fois, nous nous arrêtons devant une vitrine quelconque[13].

– Nous sommes en avance, dit-il.

Je ne peux m'empêcher de penser à maman. Me 15 tiendrait-elle la main ? Ou celle de papa ? Nous obligerait-elle à rentrer dans un magasin pour essayer un tas de chaussures, de vestes, de chemises ? Quelle robe porterait-elle aujourd'hui ?

Papa m'en parle souvent. Il l'appelle : « Ta merveilleuse 20 mère. » Elle est morte dans un accident de la route quand j'avais trois ans.

---

1 l'anse *f.*: Henkel
2 vexer: verärgern
3 avoir été pris/e en flagrant délit *m.* de curiosité *f.*: *expr.* auf frischer Tat als Neugieriger entdeckt worden sein
4 détourner la tête: Kopf abwenden
5 couillon *m.* de la lune: *expr. fam.* Armleuchter
6 faire l'imbécile *m./f.*: *fam.* sich blöd anstellen
7 s'exclamer: ausrufen
8 la langue de belle-mère *f.*: Papier-Tröte (Scherzartikel)
9 le cotillon: Luftschlange
10 le chapeau pointu: kegelförmiger Hut
11 avoir une trotte: *fam.* einen Weg vor sich haben
12 consulter sa montre *f.*: regarder quelle heure il est
13 quelconque *m./f. adj.*: irgendein/e

Les rues sont animées. Le samedi après-midi, les gens prennent le temps de flâner et de faire leurs courses.

Papa est vêtu d'un costume qu'il met généralement pour le travail. Il est très chic.

5   – Nous y sommes, dit-il soudain[1].

Une grande porte cochère[2] est entrouverte[3]. Papa la pousse et nous pénétrons[4] dans une petite cour pavée[5].

– Il y aura du monde, c'est le jour des visites, me prévient[6]-il, et il ajoute : Nous avons prévenu la presse…

10   Nous montons un escalier jusqu'au premier étage. Dans le couloir, se trouve une vingtaine de personnes qui font la queue[7].

À l'extrémité de[8] celle-ci, se tient un homme avec une mallette[9] en cuir à la main. En nous voyant, il s'approche.

15   – Votre nom, dit-il, sans prendre la peine[10] de nous saluer.

– Bonjour, répond papa.

L'homme lève la tête du dossier qu'il compulsait[11] comme si sa vie en dépendait[12].

– Oui… euh… bonjour. Votre nom ?

20   – Je vous présente Ernesto, mon fils.

L'homme me regarde sans me voir. Je pourrais être transparent.

---

1   soudain *adv.*: tout à coup *adv.*
2   la porte cochère: Einfahrtstor
3   entrouvert/e *adj.*: halboffen, angelehnt
4   pénétrer: entrer
5   pavé/e *adj.*: geflastert
6   prévenir: *ici* dire, informer
7   faire la queue: *expr.* sich anstellen
8   à l'extrémité *f.* de: à la fin de
9   la mallette: kleiner Koffer
10 prendre la peine: sich bemühen
11 compulser: regarder, examiner
12 dépendre (de qc/qn): von etw./jdm abhängig sein

– Excusez-moi, s'impatiente[1]-t-il, mais il y a du monde[2] et je n'ai pas de temps à perdre pour des mondanités[3]. Quel est votre nom ?

D'une voix douce, papa donne notre nom et précise qu'il a prévenu l'agence de notre venue.   5

– Parfait, dit l'homme.

Il coche une case[4] sur une feuille et retourne devant la porte où il se trouvait à notre arrivée.

Nous prenons place dans la queue derrière un garçon d'une vingtaine d'années.   10

– Bonjour, nous aborde[5] celui-ci. Vous venez pour la visite, vous aussi…

– En quelque sorte[6], répond papa.

– Regardez, dit le jeune homme en nous montrant une liasse[7] de documents qu'il tient à la main. C'est pas croyable   15 ce qu'il faut comme paperasse[8]… Attestations de ceci, de cela, caution… Alors pour un étudiant comme moi, c'est la galère[9] et…

– Je sais, le coupe[10] papa.

Il ouvre le sac qu'il tient à la main et, du coude[11], m'invite   20 à faire la même chose avec le mien.

---

1 s'impatienter: ungeduldig werden
2 il y a du monde: *expr.* il y a beaucoup de gens
3 la mondanité: *hier* stilvolle Äußerlichkeit
4 cocher une case: ein Kästchen ankreuzen
5 aborder qn: s'adresser à qn
6 en quelque sorte f.: in gewisser Weise
7 la liasse: Bündel
8 la paperasse: Papierkrieg
9 c'est la galère: *expr. fam.* c'est fou, c'est incroyable
10 couper: *ici* faire arrêter de parler
11 le coude: Ellbogen

Le jeune homme regarde à l'intérieur de nos sacs. Lève les yeux sur nous. Les baisse à nouveau[1] pour s'assurer qu'il n'a pas la berlue[2].

– Mais qu'est-ce que… commence-t-il d'une voix chevrotante[3].

– Nos papiers à nous… Nous sommes des terroristes festifs[4], murmure papa en se penchant[5] à son oreille.

Je reconnais dans la file[6] des amis de papa. Ils sont au moins cinq. Je constate qu'ils sont tous porteurs de sacs.

– Papa ?

– Hum…

– Tu as vu ?

– Quoi ?

– Il y a des amis à toi dans la file.

– Bien sûr. Plus on est nombreux, plus[7] on s'amuse…

L'homme devant la porte regarde sa montre. Il hésite un instant, puis se lance[8] d'une voix tonitruante[9] pour que nous puissions l'entendre :

– Bien. Je vous demanderai d'entrer dans l'appartement à l'appel de votre nom. Je vous rappelle qu'il faut que vous ayez tous les documents qu'on vous a demandés lorsque[10] vous avez pris rendez-vous à l'agence[11]. Sans eux, il est

---

1 à nouveau *adv.*: encore une fois
2 avoir la berlue: *fig.* Gespenster sehen
3 chevrotant/e *adj.*: zitternd
4 festif/-ive *adj.* → la fête
5 se pencher: sich hinwenden
6 la file: Schlange (von anstehenden Menschen)
7 plus … plus *adv.*: je mehr … desto
8 se lancer: *ici* commencer à
9 tonitruant/e *adj.*: donnernd, dröhnend
10 lorsque *conj.*: quand
11 l'agence: *hier* Immobilienmaklerbüro

inutile de rester ici. Le propriétaire[1] tient à louer[2] à une personne qui présente toutes les garanties. Est-ce bien compris ?

Un murmure parcourt[3] la file.

– Parfait, reprend l'homme à la mallette en cuir. Nous 5 allons pouvoir commencer. Avant, je précise quelques points essentiels[4] : il s'agit d'une studette[5] de douze mètres carrés[6] avec salle d'eau et coin cuisine. Le loyer[7] est de quatre cent cinquante euros charges non comprises[8]. Il n'est pas question de négocier[9]. Vous aurez certainement 10 remarqué que vous êtes un certain nombre…

Il laisse planer la phrase[10] comme une menace au-dessus de nous.

– Quatre cent cinquante euros douze mètres, récite papa. On se fout du[11] monde, Ernesto… 15

– Mais ils ont le droit ? je demande.

Un étrange sourire illumine[12] son visage.

– Tu vas voir comment on parvient à[13] métamorphoser l'humiliation[14] d'une visite de location[15] en une fête improvisée, Ernesto. 20

1 le/la propriétaire: Vermieter/in
2 louer: vermieten
3 parcourir: sich verbreiten
4 essentiel/le *adj.*: très important/e *adj.*
5 la studette: petit appartement d'une seule chambre
6 le mètre carré: Quadratmeter
7 le loyer: l'argent qu'on paie pour habiter dans un appartement
8 les charges *f. pl.* non comprises: Nebenkosten
9 négocier: *ici* discuter sur le prix
10 laisser planer la phrase: *fig.* den Satz schweben lassen
11 se foutre de qc/qn: *fam.* auf etw./jdn pfeifen
12 illuminer: erhellen
13 parvenir à: arriver à
14 l'humiliation *f.*: Erniedrigung, Beleidigung
15 la visite de location: Wohnungsbesichtigung

J'entends le bruit caractéristique d'une clé qu'on tourne dans une serrure[1], suivi du grincement[2] d'une porte qui s'ouvre.

Papa me prend par le bras et m'entraîne à sa suite[3]. Nous
5   sprintons en dépassant[4] les gens dans la file. J'en entends qui déjà ronchonnent[5] : « À la queue comme tout le monde ! »

Ses amis ont fait de même, si bien qu'à l'instant où[6] la porte d'entrée de la studette est ouverte, nous écartons[7]
10   l'homme à la mallette en cuir et entrons sans y être invités.

– Mais qu'est-ce que… souffle[8] ce dernier, incapable de s'interposer[9].

Nous sommes sept en tout dans ce minuscule appartement. Papa ressort immédiatement, tandis que[10] ses
15   amis déballent[11] hâtivement[12] le contenu des sacs. Il m'a remis le sien[13] avant de sortir. J'imite les autres.

Apparaissent en vrac[14] sur le sol[15] : cotillons, flûtes, bouteilles de jus de fruits, biscuits apéritif et une radio lecteur de CD[16], qui est tout de suite branchée[17].

---

1   la serrure: Schloss
2   le grincement: le bruit qui fait une porte qu'on ouvre
3   s'entraîner à sa suite *f.*: hinter sich herziehen
4   dépasser: überholen, vorbeilaufen
5   ronchonner: *fam.* meckern
6   à l'instant *m.* où: au moment où
7   écarter: *hier* wegschieben
8   souffler: parler doucement
9   s'interposer: sich dazwischen stellen
10   tandis que *conj.*: wohingegen, während
11   déballer: auspacken
12   hâtivement *adv.*: très vite *adj.*
13   le sien: *ici* son sac *m.*
14   apparaître en vrac: Durcheinander zum Vorschein kommen
15   le sol: Boden
16   la radio lecteur de CD: CD-Player
17   branché/e *adj.*: angeschlossen

Je reconnais une chanson de Bob Marley. Je n'ai aucun mérite[1], mon père est fan de ce chanteur.

Dans le couloir la bousculade[2] s'organise. J'entends la voix de papa :

– Entrez, allez, entrez ! Nous vous invitons à participer à une petite fête pour dénoncer[3] les loyers abusifs[4] des locations dans cette ville, ainsi que[5] pour affirmer le droit au logement pour tous et dans des conditions décentes[6]. Entrez, donc !

Une première jeune femme ose s'aventurer à l'intérieur[7]. Papa lui sourit au passage.

Je suis distrait[8] par une main qui se pose sur mon épaule.

– Salut bonhomme, je suis Xavier, un membre de l'association. On se connaît un peu, non ? Ton père nous a prévenus que tu viendrais et nous avons décidé que tu t'occuperais du mégaphone.

Je n'ai pas le temps de réaliser que Xavier a déjà fourré entre mes mains[9] un mégaphone, et qu'il m'explique en deux mots comment ça fonctionne.

Pendant ce temps, les gens entrent. La studette devient vite embouteillée[10] et il y règne[11] une joyeuse confusion.

– Viens, dit Xavier.

Nous allons près d'une fenêtre qu'il ouvre en grand.

---

1 n'avoir aucun mérite *m.*: kein großer Verdienst haben
2 la bousculade: Drängelei
3 dénoncer: anprangern
4 abusif/-ive *adj.*: *hier* überhöht
5 ainsi que *conj.*: et *conj.*
6 décent/e *adj.*: acceptable *m./f. adj.*
7 s'aventurer à l'intérieur *m.*: *ici* entrer
8 être distrait/e *adj.*: abgelenkt sein
9 fourrer entre les mains *f. pl.*: in die Hände drücken
10 embouteillé/e *adj.*: verstopft, überfüllt
11 il y règne: il y a

– Tiens, voilà ton texte. Tu parles près du mégaphone. Inutile de crier, l'appareil se charge de tout. Et regarde en bas, la presse est là…

Effectivement, je vois deux ou trois personnes qui font des photos.

– Lis, Ernesto !

Je rougis[1] en entendant ce diminutif[2] dans la bouche de Xavier alors qu'il[3] me tend une feuille dactylographiée[4].

Je lis d'abord pour moi en remuant[5] mes lèvres. J'ai des difficultés à me concentrer. Le reggae de Bob Marley plus le brouhaha ambiant[6] ne m'aident guère[7].

En levant les yeux de ma lecture, j'aperçois[8] papa qui offre à l'homme à la mallette pas un mais deux verres pleins à ras bord[9] de jus d'orange.

Celui-ci n'ose pas refuser. Il range dans sa poche le téléphone portable qu'il venait de prendre et avec lequel il s'apprêtait à[10] donner l'alerte[11], puis fait glisser sa mallette entre ses jambes jusqu'au sol.

Il prend les flûtes, mais aussitôt[12] cherche à les poser quelque part. Il se rend alors compte[13] qu'elles n'ont pas de

---

1 rougir: devenir rouge
2 le diminutif: Kosename
3 alors que *conj.*: quand
4 dactylographié/e *adj.*: abgetippt
5 remuer: bewegen
6 le brouhaha ambiant *adj.*: allgemeine Geplapper
7 ne … guère: *ici* peu
8 apercevoir: voir, remarquer
9 à ras bord *m.*: randvoll
10 s'apprêter à (faire) qc: im Begriff sein etw. zu tun
11 l'alerte *f.*: l'alarme *f.*
12 aussitôt *adv.*: sogleich
13 se rendre compte (de qc): remarquer qc

pieds et qu'il ne peut pas s'en débarrasser[1] sans risquer de renverser[2] leur contenu.

– Allez, Ernesto, lance-toi[3] !

Xavier se tient près de moi. Il me pousse plus près du bord de la fenêtre.   5

Au début je lis d'une voix incertaine puis, me prenant au jeu[4], plus affirmée[5].

Je ne jurerais[6] pas que je comprends tout ce que je dis – il est question de manque[7] de logements, d'injustice, de listes d'attente et autres scandales d'hébergements   10 temporaires – mais je m'en fiche[8].

Une petite foule[9] s'est attroupée[10] dans la rue, à l'aplomb de[11] la fenêtre. Des journalistes nous mitraillent[12] Xavier et moi, tandis que d'autres prennent des notes.

J'entends des applaudissements. Mon cœur fait un   15 bond[13] dans ma poitrine[14].

– Répète encore une fois, me dit Xavier quand j'ai terminé.

Je ne me fais pas prier[15].

---

1   se débarrasser (de qn/qc): jdn/etw. loswerden
2   renverser: umkippen
3   se lancer: *ici* commencer
4   se prendre au jeu: *expr.* Gefallen an der Sache finden
5   affirmé/e *adj.*: sûr/e *adj.*
6   jurer: schwören
7   le manque: Mangel
8   je m'en fiche: *expr.* ça m'est égal
9   la foule: le groupe
10 s'attrouper: se réunir
11 à l'aplomb *m.* de *prép.*: senkrecht unter
12 mitrailler: *fig.* bombardieren
13 faire un bond: einen Sprung machen
14 la poitrine: Brust
15 se faire prier: sich bitten lassen

Dans la studette de douze mètres carrés louée à prix d'or[1], se tient une foule de personnes dont certaines se sont coiffées des[2] chapeaux pointus que nous avons apportés.

La jeune femme qui était entrée la première souffle[3]
5 dans une langue de belle-mère. L'étudiant lance des serpentins[4] en l'air. Nos flûtes sans pied passent de main en main. Bob Marley se déchaîne[5].

L'homme à la mallette tient les deux verres de jus de fruits sans y tremper[6] une seule fois ses lèvres[7]. Papa est
10 resté près de lui. Il doit certainement lui expliquer les raisons et le sens de notre intervention. L'homme a l'air stupéfait[8], et ne semble pas s'en remettre[9].

On danse, on chante et moi je m'égosille[10] dans le mégaphone.

15 Il est tard. Je n'arrive pas à dormir. Dans ma tête, les événements repassent en boucle[11].

J'ai laissé la lampe de ma table de chevet[12] allumée.

Les yeux grands ouverts, je fixe le poster du Che – *Ernesto Che Guevara*. Un cadeau de mon père quand
20 j'avais dix ans.

Un jour, j'ai invité un camarade de classe à la maison. Quand il a vu le poster dans ma chambre, il m'a demandé :

– T'es communiste ?

---

1 à prix *m.* d'or *m.*: fig. très cher/chère
2 se coiffer de: aufsetzen
3 souffler: pusten
4 le serpentin: Luftschlange
5 se déchaîner: sich entfesseln, sich entladen
6 tremper: eintauchen
7 la lèvre: Lippe
8 stupéfait/e *adj.*: verblüfft, erstaunt
9 se remettre (de qc): sich (von etw.) erholen
10 s'égosiller: sich heiser schreien
11 en boucle *f.*: im Kreis
12 la table de chevet *m.*: Nachttisch

Je n'ai pas su quoi lui répondre.

Le soir, j'ai posé la question à mon père.

– Nous sommes communistes, papa ?

Il a eu un de ses sourires énigmatiques[1] qui parfois m'agacent tant. [5]

– Qu'en penses-tu ? a-t-il dit.

– Je ne sais pas.

– C'est exactement la bonne réponse, Lucian.

Ce soir, il entre dans ma chambre.

– Tu ne dors pas ? [10]

– Non, je n'y arrive pas.

– Je comprends. La journée a été rude.

Je me tais.

Une heure après que nous avons investi[2] la studette, la police est arrivée. Papa a parlementé[3] avec un officier. [15]

L'homme à la mallette a enfin pu se débarrasser des flûtes sans pieds. Il a téléphoné au propriétaire.

– Alors, il désire porter plainte[4] ? a interrogé l'officier.

– Non, pas s'ils rangent et qu'il n'y a pas de déprédations[5], a répondu l'homme en refermant son téléphone portable [20] d'un geste agacé[6].

Mais déjà papa et ses amis remettaient de l'ordre dans la studette.

– Ça sert à[7] quelque chose ce que nous avons fait aujourd'hui ? je demande d'une toute petite voix. [25]

Papa se gratte le menton[8]. Il réfléchit.

---

1 énigmatique *m./f. adj.*: rätselhaft
2 investir: *hier* besetzen
3 parlementer: verhandeln
4 porter plainte *f.*: Anzeige erstatten
5 la déprédation: Sachbeschädigung
6 agacé/e *adj.*: énervé/e *adj.*
7 servir à qc: für etw. gut sein, nutzen
8 se gratter le menton: sich am Kinn kratzen

– Va savoir. Mais au moins nous l'avons fait, non ? Crois-moi, il n'y a rien de pire que d'accepter l'inacceptable sans réagir.

– Et prendre une studette d'assaut[1], ça compte ? C'est
5 une façon de refuser l'inacceptable, tu crois ?

– Ça ne changera pas le monde, c'est certain, mais…

Papa ne termine pas sa phrase. Il ferme les yeux et soupire[2].

– Tu sais, parfois je me demande s'il ne faudrait pas tout
10 laisser tomber…

Nous restons ainsi un moment. Lui assis au pied de mon lit, moi sous les couvertures[3].

– Bon, dit-il, maintenant il faut dormir.

Il se lève et pose un baiser sur mon front[4].

15 – Bonsoir, Lucian.

Une fois seul dans ma chambre, la voix lasse[5] de papa me trotte[6] dans la tête – « Ça ne changera pas le monde… ».

Je jette un œil à[7] la photo du Che. Mon cœur cogne[8] fort dans ma poitrine. Je serre les dents[9] et me dis que j'ai la vie
20 devant moi pour le changer, ce monde.

– Foi d[10]'Ernesto !

---

1 prendre d'assaut qc: etw. stürmen
2 soupirer: seufzen
3 la couverture: *hier* Bettdecke
4 poser un baiser sur le front: auf die Stirn küssen
5 las/se *adj.*: fatigué/e *adj.*
6 trotter dans la tête: *expr.* nicht aus dem Kopf gehen
7 jeter un œil à qc/qn: einen Blick auf etw./jdn werfen
8 cogner: schlagen
9 serrer les dents *f. pl.*: die Zähne zusammenbeißen
10 foi de: *expr. litt.* versprochen (feierliches Versprechen)

Sujets d'étude

A *Pendant la lecture*

1. Travaillez à trois sur la «fête» et échangez ensuite vos informations.
2. a) Relevez ses préparatifs (p. 4–12).
   b) Décrivez son déroulement (p. 13–17).
   c) Présentez ses conséquences (p. 17–19).
3. Analysez la relation entre Lucian et son père au début et comparez-la à la fin (p. 4–5, 18–19).
4. a) « Tiens voilà ton texte! » Imaginez le message des activistes et rédigez le texte qu'Ernesto doit lire avec le mégaphone.
   b) Mettez-vous à la place d'Ernesto et déclamez[1] le texte de a).

B *Après la lecture*

1. Recherchez des informations sur Che Guevera et mettez-les en relation avec le titre de la nouvelle.
2. « Ça sert à quelque chose ce que nous avons fait aujourd'hui? » (p. 18, l. 24–25) À deux, discutez le pour et le contre de cette action.
3. Consultez le site http://www.paruvendu.fr/ et faites une recherche sur le montant des loyers et les équipements des appartements à Paris ayant une surface comprise entre 30 à 50 m^2 à Paris. Présentez ensuite vos résultats et comparez-les à une autre ville en France ou en Allemagne.

---

1 déclamer: lire à haute voix

Guérilla

Un sprint.

Deux ombres[1], l'espace d'un instant[2].

Il fait nuit. La lune est à son quart[3].

À cet endroit précis, le mur s'arrête. Une grille[4] haute de
5 trois mètres prend la relève[5].

Entrelacé entre les mailles de la grille, du fil barbelé a
été tissé.[6]

De nouveau un sprint.

Les deux ombres disparaissent derrière une butte[7].
10 De la poussière[8] flotte[9], soudain[10] éclairée[11] par un
faisceau lumineux puissant[12].

La lumière lèche le sol[13]. Adhère au relief[14]. Disparaît.

Les deux ombres sont celles de deux garçons.

– J'ai la trouille[15]…

---

1 l'ombre *f.*: Schatten
2 l'espace *m.* d'un instant: Augenblick
3 être à son quart *m.*: Mondphase nach Neumond (als Sichel am
       Horizont sichtbar)
4 la grille: *hier* Gitterzaun
5 prendre la relève: ablösen
6 être entrelacé/e entre les mailles *f. pl.* de la grille, du fil barbelé
       a été tissé: Zwischen den Gliedern des Gitterzaunes wurde
       Stacheldraht eingeflochten.
7 la butte: Erdhügel
8 la poussière: Staub
9 flotter: *hier* auffliegen
10 soudain *adv.*: tout à coup *adv.*
11 être éclairé/e: beleuchtet
12 le faisceau lumineux puissant: kräftiger, heller Lichtstrahl
13 lécher le sol: *fig.* Boden lecken
14 adhérer au relief *m.*: an der (Erd-)Oberfläche festhaften
15 avoir la trouille: *fam.* avoir très peur *f.*

Ils sont allongés sur le ventre[1]. Plaqués[2] au sol.

– Tu vas pas recommencer ?

Celui qui vient de parler s'appelle Ménahem.

– Je ne recommence pas, mon pote[3]. Je me demande simplement dans quelle galère je me suis laissé entraîner[4]. 5

Celui-ci se prénomme[5] Èliyakoum, dit Èliya.

– On y va ! lance[6] Ménahem.

Il se lève d'un bond[7]. Parcourt[8] une faible distance avant de se jeter à terre.

Èliya lui emboîte aussitôt le pas[9]. 10

– On va se faire prendre, murmure-t-il, après avoir rejoint[10] Ménahem.

Le faisceau lumineux, encore.

Il balaye[11] l'espace. Coule[12] sur les deux garçons, qui frissonnent[13] quand ils le sentent sur eux. 15

– T'as les bombes ? demande Ménahem.

– Dans ma veste, répond Èliya.

Ménahem se lève, court, plonge[14].
Èliya l'imite.

---

1 être allongé/e sur le ventre: auf dem Bauch ausgestreckt
2 être plaqué/e: *hier* gepresst
3 le pote: *fam.* le copain
4 se laisser entraîner dans une galère: *expr. fam.* sich auf eine heikle Sache einlassen
5 se prénommer: avoir comme prénom
6 lancer: *ici* dire
7 d'un bond: *ici* très vite
8 parcourir: faire
9 emboîter le pas à qn: in jdm Fusstapfen treten
10 rejoindre: erreichen, einholen
11 balayer: *hier* absuchen
12 couler: *hier* hinuntersinken
13 frisonner: zittern
14 plonger: *hier* sich auf den Boden werfen

– À cette allure[1] on sera encore là demain, ronchonne[2] Èliya.

– Tu veux quoi ? Qu'on se balade les mains dans les poches en sifflotant[3], et au passage on fera un petit signe de
5 la main à celui qui tient le projecteur, là-haut, dans son mirador[4], c'est ça ?

– Dis pas d'âneries[5]. T'en fais déjà suffisamment[6] comme ça… réplique[7] Èliya.

La lumière à nouveau. Elle lèche le sable.

10 Le frère de Ménahem est dans l'armée israélienne. Il termine son service[8] dans une unité chargée de[9] contrôler la frontière avec les territoires palestiniens pendant la construction du mur. Il a vingt-deux ans. Depuis qu'il est en uniforme il s'est mis à boire plus que de raison[10].

15 La veille[11] il a mangé à la maison. Il a bu. Il a fanfaronné[12]. Quand il est pompette[13], il se laisse aller.

Leur père était sous le charme de son grand garçon devenu un homme.

Leur mère retenait ses larmes.

20 Deux ombres. Une course. De la poussière.

– T'es certain qu'il n'y aura pas de patrouille avec les chiens ? s'inquiète[14] Èliya.

---

1 à cette allure f.: bei diesem Tempo
2 ronchonner: *fam.* meckern
3 siffloter: leise vor sich hin pfeifen
4 le mirador: Wachtturm
5 l'ânerie f.: la bêtise f.
6 suffisamment *adv.*: ausreichend
7 répliquer: répondre
8 le service: *hier* Wehrdienst
9 être chargé/e de: être responsable de
10 plus que de raison f.: *expr.* trop
11 la veille: le jour ou le soir avant
12 fanfaronner: prahlen, angeben
13 pompette *adj.*: *fam.* angeheitert, angetrunken
14 s'inquiéter: se faire des soucis *m. pl.*

– Garanti. Mon frère a joué les fiers-à-bras[1] hier soir. Il nous a donné des détails sur les patrouilles de la semaine, comme si c'était lui le grand manitou.

La lune a gravi un cran[2] dans le ciel étoilé[3].

Dans les jours à venir, il pleuvra[4]. La terre se gonflera[5] d'eau. Elle fera ses réserves et ce sera alors le printemps.

– On peut lui faire confiance à ton frère ?

– Comme à moi, répond Ménahem.

– C'est justement ce qui m'inquiète.

Lumière. Ombres. Une nouvelle cavalcade[6].

Les deux garçons sont maintenant au pied du grillage[7].

– On en a six, c'est ça ? dit Ménahem.

– Ouais, c'est ça.

– Fais gaffe[8] ! s'écrie Ménahem. Le projecteur !

Les deux garçons s'enfoncent[9] tant qu'ils peuvent dans le sol.

Leur respiration soulève[10] de la poussière devant leurs bouches.

– Sors-les, dit Ménahem une fois que[11] la lumière s'est éloignée[12].

---

1 le fier-à-bras: feiger Angeber
2 gravir un cran: *fig.* eine Stufe emporklettern
3 le ciel étoilé: Sternenhimmel
4 pleuvoir: regnen
5 se gonfler: sich vollsaugen
6 la cavalcade: *fig.* Karawane
7 le grillage: la grille
8 faire gaffe (à): *expr. fam.* faire atttentioin (à)
9 s'enfoncer dans le sol: sich flach auf den Boden legen
10 soulever: aufwerfen
11 une fois que: au moment où
12 s'éloigner: sich entfernen

Èliya se tortille[1]. Il fouille[2] dans ses poches, d'où il extirpe une par une[3] les six bombes.

– Voilà, dit-il.

– Parfait.

5 – Ça va fonctionner, t'es sûr ?

– Évidemment[4], répond Ménahem. Qu'est-ce que tu crois ? Que c'est juste des jouets ? C'est artisanal[5] mais efficace[6], fais-moi confiance.

Le faisceau de lumière peint[7] la nuit en jaune.

10 Les deux garçons mettent leurs mains sous eux. Leur blancheur pourrait les trahir.

Le frère de Ménahem lui a raconté l'histoire d'un « terroriste » palestinien qui avait été découvert au moment de franchir la frontière en fraude[8]. Dans la nuit ses mains, 15 telles des sémaphores[9], étaient visibles à plusieurs centaines de mètres. Ç'avait été un jeu d'enfant de l'arrêter et de l'enfermer. Même si ce n'était qu'un paysan qui cherchait à fuir sa misère.

– Feu ! commande Ménahem.

20 Il s'empare d'[10] une bombe. La balance par-dessus[11] le grillage.

Un *ploc* sourd[12] se fait entendre de l'autre côté. Dans le *no man's land* qui les sépare du pays voisin.

---

1 se tortiller: sich schütteln
2 fouiller: chercher
3 extirper une par une: eine nach der anderen herausfingern
4 évidemment *adv.*: bien sûr *adv.*
5 artisanal/e *adj.*: fait/e à la maison
6 efficace *m./f. adj.*: effektiv
7 peindre: malen, zeichnen
8 franchir la frontière en fraude *f.: expr.* eine Grenze illegal überqueren
9 le sémaphore: *hier* Signalgeber
10 s'emparer de qc: etw. ergreifen
11 balancer par-dessus: hinüberwerfen
12 sourd/e *adj.*: *hier* dumpf

Èliya à son tour en lance deux. Coup sur coup[1].
Ploc. Ploc.
– Pas si difficile que ça, se vante[2]-t-il.
Les deux garçons jettent le reste des projectiles.
C'est fini.

Il leur semble qu'ils ont accompli[3] une grande chose – presque un acte d'héroïsme.
– On va pas s'éterniser[4], bougonne[5] Èliya. Faudrait pas se faire attraper[6] maintenant.
– On n'est pas si pressés que ça. Elles ne vont pas exploser tout de suite. Tu sais bien qu'elles sont à retardement[7]…
Les deux garçons ricanent[8].
Èliya pousse Ménahem du coude[9], qui riposte[10], et ainsi de suite[11] plusieurs fois.
Lumière.
Silence.
Le projecteur continue sa course à la recherche d'une proie[12].
Ménahem et Èliya sont calmés.
– On file, dit Ménahem.
Les deux garçons recommencent en sens inverse[13] leur danse avec la lumière.

---

1 coup *m.* sur coup: *expr.* l'un après l'autre
2 se vanter: sich loben, angeben
3 accomplir: réaliser, faire
4 s'éterniser: *fam.* rester longtemps
5 bougonner: brummeln
6 attraper: *ici* arrêter
7 à retardement *m.*: mit Verzögerung
8 ricaner: rire, s'amuser
9 le coude: Ellbogen
10 riposter qc: etw. erwidern
11 ainsi de suite *f.* et cetera
12 la proie: Beute
13 en sens *m.* inverse *m./f. adj.*: andersherum, umgekehrt

À l'aube[1], ils ont regagné leurs lits respectifs[2] sans encombre[3].

Deux mois plus tard, Ménahem, son frère le militaire et ses parents sont à table.

5   Son frère s'essuie[4] la bouche avec sa serviette. Visiblement, il a quelque chose d'important à dire.

    – Vous ne savez pas quoi…

C'est la phrase rituelle qu'il prononce chaque fois qu'il veut se rendre intéressant.

10   Il laisse s'écouler[5] trente secondes afin de ménager ses effets[6]. Il vérifie[7] que tout le monde a cessé[8] de manger, puis il continue :

    – Il se passe un truc incroyable dans le *no man's land*, dit-il. À l'endroit où les travaux du mur ont été stoppés

15 après que le monde entier a montré notre gouvernement du doigt[9]…

Le père secoue la tête[10] et le coupe.

    – Ah ! La politique ! À quoi cela nous mènera-t-il ? soupire[11]-t-il en haussant les épaules[12].

20   – Alors, s'impatiente[13] Ménahem, c'est quoi ce truc si formidable ?

---

1   l'aube *f.*: Morgendämmerung
2   respectif/-ive *adj.*: jeweilige
3   sans encombre *f. adv.*: sans difficulté *f.*
4   s'essuyer: abputzen, abtrocknen
5   s'écouler: passer
6   ménager ses effets *m. pl.*: *expr.* préparer bien la réaction
7   vérifier: *ici* regarder bien
8   cesser: arrêter, finir
9   montrer du doigt qn: mit dem Finger auf jdn zeigen
10   secouer la tête: den Kopf schütteln
11   soupirer: seufzen
12   hausser les épaules *f. pl.*: die Schultern zucken
13   s'impatienter: ungeduldig werden

– J'ai dit *incroyable*, le reprend son frère, pas formidable, moustique[1]… Bref, vous ne devinerez jamais !

– Alors dis ! s'irrite le père. Tu nous fais mourir de curiosité…

– Eh bien, à cet endroit, dans le *no man's land*… poussent[2] des melons, des tomates, des concombres[3], des aubergines et un tas d'autres légumes. Et des fleurs aussi…

Le frère militaire est fier de la surprise qu'il a provoquée chez ses parents. Il boit son verre de vin cul sec[4], content de lui.

– Mais qui a bien pu planter des légumes et des fleurs à cet endroit-là ? interroge la mère.

– Peut-être… s'enhardit[5] Ménahem, peut-être que des guérilleros jardiniers sont venus une nuit balancer des bombes de graines[6] dans le *no man's land*. Vous ne vous rappelez pas du reportage à la télé sur ce type à Londres[7] ?

L'incompréhension[8] se lit sur les visages de ses parents et de son frère.

– Mais si, souvenez-vous, persiste[9] Ménahem. Il fabriquait des bombes d'argile[10] truffées[11] de graines de fruits, de légumes et de fleurs sauvages[12]. Alors pourquoi pas chez nous, hein ? Il suffirait par exemple de deux

---

1 la moustique: *hier* Anrede du Stechmücke
2 pousser: *ici* grandir
3 le concombre: Gurke
4 boire cul sec: *expr. fam.* auf ex trinken
5 s'enhardir: sich ein Herz fassen
6 la graine: Samen, Samenkorn
7 Londres: London
8 l'incompréhension *f.*: le fait de ne pas comprendre
9 persister: continuer
10 l'argile *f.*: Lehm, Ton(erde)
11 truffé/e *adj.*: gespickt
12 sauvage *m./f. adj.*: wild

guérilleros motivés, qui trouvent que ce mur est un mur de la honte[1]… et une nuit…

Tous le regardent comme s'il était devenu fou.

Sujets d'étude

A *Pendant la lecture*

1. Décrivez la situation initiale à l'aide de ces expressions: la lune – la grille haute – deux garçons – se jeter à terre – le faisceau lumineux – les six bombes (p. 21–25).
2. Travaillez à deux. Caractérisez:
   a) Ménahem.
   b) son frère (essentiellement p. 27–29).
3. Comparez les deux frères en tenant aussi compte de leur relation.

B *Après la lecture*

1. À deux, imaginez un débat entre les deux frères portant sur la valeur de leur action.
2. a) Préparez les arguments des deux frères.
   b) Jouez le débat.
3. a) Ménahem parle du « mur de la honte » (p. 29, l. 1–2). Faites une recherche sur ce mot, sa signification et présentez vos résultats.
   b) Comparez les engagements de Ménahem et Èliya à l'action publiée sur le site http://pg92-centre.over-blog.com/bombes-de-graines-à-fissures-suite-et-fin-.-action-réaction.

---

1 la honte: Schande

Pourquoi regardez-vous cette affiche?

QUAND LA PUB N'EST PAS LÀ, LES CERVELLES[1]
DANSENT
La descente[2] est raide[3]. Je tiens le guidon[4] de mon vélo
d'une main et de l'autre mon chapeau, un superbe bicorne[5]
de pirate que j'ai ressorti[6] d'une vieille caisse à jouets. La   5
couleur en est défraîchie[7], mais la feutrine[8] est encore en
bon état. Je l'ai enfoncé[9] sur ma tête pour qu'il tienne.

Je n'ai jamais aimé les poupées. Maman dit que je suis
un garçon manqué. Je lui réponds qu'au contraire je suis
une fille réussie.   10

Je me laisse entraîner dans la pente[10] sans pédaler[11]. Mon
accoutrement[12] suscite[13] quelques regards appuyés[14] parmi
les gens que je croise[15]. Il faut dire que j'ai dessiné sur ma
joue[16] droite une superbe balafre[17] de cinq centimètres de

---

1 la cervelle: Gehirn, Gehirnzelle
2 la descente: Abfahrt
3 raide *m./f. adj.*: steil
4 le guidon: Lenker
5 le bicorne: Zweispitz (Hut)
6 ressortir: herausholen
7 défraîchi/e *adj.*: verblasst
8 la feutrine: Wollfilz
9 enfoncer sur qc: mettre sur qc
10 la pente: la descente
11 pédaler: in die Pédale/den Fußhebel treten
12 l'accoutrement *m.*: Aufmachung
13 susciter: causer, produire
14 appuyé/e *adj.*: betont
15 croiser: rencontrer, passer
16 la joue: Wange
17 la balafre: Gesichtsnarbe

long. Un pirate sans cicatrice[1] c'est comme un couteau sans manche[2], non ?

À l'entrée du boulevard. Je freine[3], puis pédale doucement. J'arrive bientôt au point de rendez-vous, sur la place
5   en face de la mairie. Je suis la première, personne n'est encore là. Je gare[4] mon vélo près d'un lampadaire et l'y accroche avec l'antivol[5].

Il ne me reste plus qu'à attendre les autres.

CELA VOUS FAIT QUOI D'ÊTRE UNE CIBLE[6] ?

10   Moins de cinq minutes se sont écoulées[7] quand j'aperçois[8] la camionnette[9] de mon oncle. Une antiquité dont il ne se séparerait pour rien au monde. Y monter constitue une expérience intéressante. La tôle[10] vibre, les vitesses[11] craquent, le moteur tousse et les essuie-glaces[12] couinent[13] –
15   un véritable vaisseau de l'espace[14].

Mon oncle s'arrête le long du trottoir. Il m'a vue et me fait un signe. Je le rejoins.

– T'es déjà là, Lolotte ?

Je déteste quand il m'appelle *Lolotte*.

20   – Comme tu vois, Gégé.

---

1   la cicatrice: Narbe
2   le manche: Stiel
3   freiner: bremsen
4   garer: *ici* laisser
5   accrocher avec l'antivol *m.*: mit einem Fahrradschloss festmachen
6   la cible: Zielscheibe
7   s'écouler: passer
8   apercevoir: voir, remarquer
9   la camionnette: kleiner LKW
10 la tôle: Blech
11 la vitesse: Getriebe
12 l'essuie-glace *m.*: Scheibenwischer
13 couiner: *fam.* quietschen
14 le vaisseau de l'espace *m.*: Raumschiff

Un point partout, balle au centre[1]

– Toujours aussi susceptible[2], Louise…

– Comme toi Gérard.

Un sourire éclaire[3] son visage. Mon oncle est jovial[4], farceur[5] et pas rancunier[6].

Aujourd'hui il a revêtu[7] une panoplie[8] de *Superman*, avec le grand S jaune sur la poitrine[9]. Son ventre tire sur sa tenue[10] rouge écarlate[11], et je le trouve particulièrement moulé[12] par le tissu[13] élastique. Je me garde bien de[14] lui en faire la réflexion. Gérard est assez irascible[15] côté[16] embonpoint[17] et petit bedon de sénateur[18].

– Tu m'aides à décharger[19] ? demande-t-il.

Nous passons derrière la camionnette. Gérard ouvre le haillon arrière[20]. À l'intérieur, deux cartons remplis. J'en prends un et mon oncle l'autre.

– On les met où ?

---

1 un point partout, balle *f.* au centre *m.*: *fig.* Eins zu eins. Dann sind wir quitt

2 susceptible *m./f. adj.*: (très) sensible *m./f. adj.*

3 éclairer: erhellen

4 jovial/e *adj.*: joyeux/-euse *adj.*, gai/e *adj.*

5 le/la farceur/-euse: qn qui fait des blagues comme un clown

6 rancunier/-ière *adj.*: nachtragend

7 revêtir qc: s'habiller de qc

8 la panoplie: *ici* le vêtement

9 la poitrine: Brust

10 le ventre tire sur la tenue: der Bauch spannt über die Kleidung

11 écarlate *m./f. adj.*: scharlachrot

12 moulé/e *adj.*: eng anliegend

13 le tissu: Stoff

14 se garder bien de: sich davor hüten

15 irascible *m./f. adj.*: jähzornig

16 côté *m.*: *ici* à propos de, du point de vue

17 l'embonpoint *m.*: Korpulenz

18 le petit bedon *fam.* de sénateur *m.*: Wohlstandsbäuchlein

19 décharger: ausladen

20 le haillon arrière: Heckklappe

– On va les poser près de ton vélo, Louise. Tiens bien le tien par en dessous[1], j'ai peur qu'il ne se déchire[2] à cause du poids[3].

Nous les déposons précautionneusement[4] par terre, puis
5 mon oncle retourne à la voiture.

– Tu les gardes, je m'en vais stationner au parking souterrain[5], dit-il avant de démarrer[6].

LA PUBLICITÉ SE PAIE VOTRE TÊTE AVEC VOTRE ARGENT

10 Venant d'une rue perpendiculaire[7], Julien surgit de l'ombre[8]. C'est un garçon du lycée. Il est habillé d'une éternelle[9] chemise à carreaux sur laquelle sont épinglés[10] une quantité incroyable de pin's et autres badges : *OGM[11], j'en veux pas ; Nucléaire non merci ; Il est interdit d'interdire[12] ;*
15 *Faites l'amour, pas les magasins…*

Julien est le prototype de l'altermondialiste[13] : sympa, non-violent, écolo[14] et parfois un brin[15] crispant[16], mais gentil comme ce n'est pas permis[17].

---

1   tenir le tien par en dessous: deinen (Karton) von unten festhalten
2   se déchirer: zerreißen
3   le poids: Gewicht
4   précautionneusement *adv.*: vorsichtig
5   souterrain/ne *adj.*: sous la terre
6   démarrer: *ici* mettre le moteur en marche
7   perpendiculaire *m./f. adj.*: im Geradenwinkel zu
8   surgir de l'ombre *f.*: aus dem Schatten auftauchen
9   éternel/le *adj.*: zeitlos
10   épingler: *ici* fixer
11   l'OGM *m.* (l'organisme *m.* génétiquement modifié): gentechnisch veränderte Organismen
12   interdire ≠ permettre, donner son accord *m.*
13   l'altermondialiste *m./f.*: Globalisierungsgegner/in
14   l'écolo *m./f.*: qn qui s'engage pour l'écologie
15   un brin: *fam.* un peu
16   crispant/e *adj.*: *fam.* Nervensäge
17   comme ce n'est pas permis: *expr. fam.* très *adv.*

– Salut Louise !

Julien m'embrasse sur les deux joues. Il pique[1]. Il aura bientôt dix-huit ans, et sa barbe est déjà sacrément drue[2].

– Belle balafre, dit-il en sifflant[3] d'admiration.

Il porte une perruque blanche du style Louis XIV. Les cheveux synthétiques et bouclés[4] tombent sur ses épaules[5] et dans son dos. L'effet est déroutant[6] sur sa chemise à carreaux, d'autant que[7] Julien porte un pantalon de pyjama à rayures[8]. 5

– Pas mal toi non plus… 10

Julien tire sur les pans[9] de sa chemise et rajuste[10] son pyjama.

– Quand mon père m'a vu partir, il a voulu me retenir. Je te raconte pas l'embrouille[11]. Pour un homme de gauche, il est parfois un peu coincé sur les bords[12]… 15

Nous n'avons pas le temps de terminer notre conversation « philosophique ». Nicole nous rejoint. Elle est la plus âgée du groupe, environ soixante-dix ans, mais elle a une pêche d'enfer[13].

---

1 piquer: pieksen
2 dru/e *adj.*: dicht
3 siffler: pfeifen
4 bouclé/e *adj.*: lockig
5 l'épaule *f.*: Schulter
6 déroutant/e *adj.*: irritant/e *adj.*
7 d'autant que *conj.*: umso mehr als
8 la rayure: Streifen
9 le pan: Zipfel, Seite des Hemdes
10 rajuster qc: *hier* etw. in Ordnung bringen
11 l'embrouille *f.*: la confusion, le chaos
12 être coincé/e sur les bords: *expr. fam.* die Scheuklappen aufhaben
13 avoir une pêche d'enfer *m.*: *expr. fam.* sehr gut drauf sein

Elle est dotée d'un dentier[1] autonome, qui mène dans sa bouche une vie indépendante. Quand elle parle, elle chuinte[2] et son dentier claque[3].

Je l'aime comme si elle était ma grand-mère. C'est une
5 femme sensationnelle.

– On s'en fait combien[4] aujourd'hui ? demande-t-elle après nous avoir bisés[5].

Sur la tête de Nicole, une mantille[6] du genre espagnole, de dentelle[7] noire, enveloppe sa chevelure[8] violine[9].
10 – Comment vous me trouvez ?

– Superbe, s'exclame[10] Julien.

– À croquer[11], renchéris[12]-je.

La grosse voix de mon oncle fait sursauter[13] Nicole :

– Qu'est-ce qui se passe ici, c'est une manifestation[14] ? En
15 vous voyant de loin, je me disais que les extraterrestres[15] venaient de débarquer[16] sur Terre…

– Grand couillon[17], ronchonne[18] Nicole.

---

1 être doté/e d'un dentier: mit einem Gebiss ausgestattet sein
2 chuinter: quietschen
3 claquer: klappern
4 s'en faire combien: *fam. ici* on en prend combien
5 biser: embrasser, donner la bise
6 la mantille: von Frauen getragenes leichtes Seidentuch
7 la dentelle: Spitzen
8 la chevelure: les cheveux *m. pl.*
9 violine *m./f. adj.*: de couleur *f.* rouge-violette
10 s'exclamer: crier, parler fort
11 à croquer: *fam.* zum Anbeißen
12 renchérir: bekräftigen
13 sursauter: aufschrecken
14 la manifestation: Demonstration
15 l'extraterrestre *m./f.*: Außerirdische/r
16 débarquer: arriver
17 le grand couillon: *fam.* Armleuchter
18 ronchonner: brummen

Elle attrape mon oncle par les épaules en se hissant[1] sur la pointe des pieds et l'embrasse.

VOUS ME LISEZ, JE VOUS PIÈGE[2]

Au bout d'une demi-heure nous sommes au complet.

Éric, la trentaine[3], s'est affublé d'[4]un képi de gendarme, 5 d'un tutu[5] sur un collant[6] blanc et de godillots[7] militaires du plus bel effet[8].

Fabienne s'est coiffée[9] d'une tiare d'évêque[10] et a revêtu[11] un magnifique costume d'infirmière des années cinquante.

Noël porte un casque à pointe[12] en carton-pâte[13], une 10 peau de bique[14] sur les épaules et un pantalon de golf.

Enfin Antoine a enfilé[15] un maillot de bain début du siècle, un canotier[16] sur sa tête et des cuissardes de pêcheurs[17].

À nous huit nous ne passons pas inaperçus[18] – et c'est 15 précisément le but recherché.

---

1 se hisser sur la pointe des pieds *m. pl.*: sich auf die Zehenspitzen stellen
2 piéger qn: jdm eine Falle stellen
3 la trentaine: *ici* à peu près trente ans
4 s'affubler de qc: sich mit etw. herausputzen
5 le tutu: Balletröckchen
6 le collant: Strumpfhose
7 le godillot: Stiefel
8 du plus bel effet: *expr.* décoratif/-ive *adj.*
9 se coiffer: mettre sur la tête
10 la tiare d'évêque *m.*: Bischofsmütze
11 revêtir qc: mettre qc, s'habiller de qc
12 le casque à pointe *f.*: Pickelhaube
13 le carton-pâte: Pappmaché
14 la peau de bique *f.*: Ziegenfell
15 enfiler qc: mettre qc, s'habiller de qc
16 le canotier: Strohhut
17 la cuissarde de pêcheur *m.*: Anglerstiefel
18 passer inaperçu/e *adj.*: unbemerkt bleiben

– Allez, dit mon oncle, chacun prend une bombe. Nous avons du travail sur la planche[1].

Nous piochons[2] dans les cartons nappes[3] et auto-collants[4].

5 Ces derniers sont rectangulaires[5] et d'une quinzaine de centimètres de large. Dessus sont imprimés[6] notre devise et le nom de notre association : Les *Publiphores*[7]. Noël en est l'inventeur. Nous sommes une espèce[8] rare de doryphores[9] spécialisés. L'idée a plu à tout le monde et a été adoptée

10 sur-le-champ[10].

Quant à notre devise, la voici : *Espace public libéré*.

– Vous êtes tous armés ? demande Gérard.

Nous levons nos bombes au-dessus de nos têtes.

– Parfait. Nicole, je t'en prie, à toi l'honneur.

15 Il lui revient le privilège de donner le départ. Nicole actionne la corne de brume[11] que Gérard lui a remise[12]. Sur la place de la mairie[13] retentit[14] l'appel sonore et revendicatif[15] des *Publiphores*.

---

1 avoir du travail sur la planche: *expr. fam.*: avoir beaucoup de travail à faire
2 piocher: *fam.* herausfischen
3 la nappe: Tischdecke
4 l'autocollant *m.*: Aufkleber
5 rectangulaire *m./f. adj.*: rechteckig
6 être imprimé/e: aufgedruckt
7 le Publiphore: Kunstwort etwa: Werbeträger
8 l'espèce *f.*: Art, Spezie
9 le doryphore: Kartoffelkäfer
10 sur le champ: tout de suite
11 actionner la corne de brume *f.*: ins Nebelhorn blasen
12 remettre qc à qn: donner qc à qn
13 la maire: l'hôtel *m.* de ville
14 retentir: erschallen
15 revendicatif/-ive *adj.*: (auf-)fordernd

L'hallali[1] sonné, nous nous dirigeons vers nos victimes[2] sous les regards ahuris[3] des passants que nous croisons – en tête Superman, suivi de mamie mantille, d'un banquier à pointe, d'un roi en pyjama, d'un corsaire balafré, d'un baigneur en cuissardes, d'une infirmière-évêque et d'une ballerine-gendarme.

REGARDER LA PUBLICITÉ, C'EST LA FAIRE VIVRE
Nous commençons par les quatre sucettes[4] plantées[5] sur la place. Sur chacune de leurs faces, une affiche vante[6] les mérites supposés[7] d'un produit inutile.

Je fais équipe avec Julien. Nous recouvrons la nôtre d'une nappe blanche que nous fixons au pied avec un lien[8]. Julien utilise sa bombe de peinture[9] et tague[10] son côté, et moi la mienne pour recouvrir d'inscriptions[11] la surface immaculée[12] de la nappe.

Je m'applique[13] : *La publicité championne du monde de l'immonde[14]*.

Puis je fais le tour de la sucette et viens voir ce que Julien a bombé[15] : *Pour tuer une affiche, il suffit de tourner la tête*.

– Pas mal, dis-je.

---

1 l'hallali *m.*: le signal qui ouvre une chasse
2 la victime: Opfer
3 ahuri/e *adj.*: surpris/e *adj.*
4 la sucette: *hier* Plakatwand
5 planter: placer en terre
6 vanter: anpreisen
7 le mérite supposé *adj.*: vermutete Vorzug
8 le lien: *hier* Band
9 la bombe de peinture *f.*: (Farb-)Spraydose
10 taguer: sprayen
11 recouvrir d'inscriptions *m. pl.*: mit Aufschriften bedecken
12 immaculé/e *adj.*: makellos, rein
13 s'appliquer: sich Mühe geben
14 l'immonde *m.*: des Ekelhaften, des Schmutzigen
15 bomber: taguer

Julien retire sa perruque d'un geste obséquieux[1] et me salue en se pliant en deux[2].

Nous n'avons pas remarqué qu'un homme s'est arrêté près de nous.

5 – Qu'est-ce que vous faites ? dit-il.

Julien se recoiffe. Sa perruque de travers[3], il lui répond :

– Nous sommes des *Publiphores*. Nous dévorons[4] l'hideuse[5] publicité, cher monsieur.

L'homme grimace. Il nous observe d'un œil froid et 10 antipathique.

– Vous n'avez rien à faire de plus intelligent à votre âge ?

– Non, monsieur, dis-je.

La consigne[6] est de rester poli et de ne pas être agressif. Notre geste et nos slogans remplacent la parole. Ils se 15 suffisent à eux-mêmes. Ainsi le dialogue de sourds[7] avec cet homme prend rapidement fin.

– Voyous[8]… lâche[9]-t-il en s'en allant.

– Enchanté[10] d'avoir fait votre connaissance, moi c'est Julien et elle Louise…

Nous éclatons de rire.

20 L'homme s'immobilise. Se retourne vers nous et sort d'une poche de son pantalon un téléphone portable. Il compose un numéro. Il parle haut et fort pour que nous entendions :

– Allô ! La police…

1   obséquieux/-euse *adj.*: unterwürfig
2   se plier en deux: sich verbeugen
3   de travers: quer
4   dévorer: verschlingen
5   hideux/-euse *adj.*: horrible *m./f. adj.*
6   la consigne: Vorschrift, Verhaltensmaßregel
7   sourd/e *adj.*: taub
8   le voyou: le petit gangster
9   lâcher *fam.*: *ici* dire, faire une remarque
10   enchanté/e *adj.*: heureux/-euse *adj.*

PUBLICITÉ, GÉLATINE MENTALE

Avant que la voiture de police n'arrive sur les « lieux du crime »[1], le groupe a le temps de recouvrir toutes les sucettes de la place, ainsi que[2] trois abribus[3] le long du boulevard principal. 5

L'homme courageux qui a appelé la *cavalerie*[4] a disparu.

Nous nous attaquons au quatrième abribus quand la voiture des forces de l'ordre[5] stoppe à notre hauteur.

Sur l'une des affiches publicitaires du dernier abribus que nous avons masqué était photographiée une 10 mannequine anorexique[6] en slip de bain, tout sourires, ravie[7] de pouvoir se payer des vacances au bout du monde pour un prix dérisoire[8].

Lorsque[9] deux policiers l'interpellent[10], mon oncle termine sans se presser de calligraphier[11] sur la toile[12] 15 blanche : *Ici nous cachons[13] des fesses.*[14]

– Vos papiers.

– Bonjour, répond m*on oncle.*

– Vos papiers, répète le policier.

– Vous savez qu'il est interdit de taguer ? précise son 20 collègue.

1 le lieu du crime: Ort des Verbrechens
2 ainsi que *conj.*: et *conj.*
3 l'abribus *m.*: Busunterstand
4 la cavalerie: *ici* la police
5 les forces de l'ordre *m.*: *ici* la police
6 anorexique *m./f. adj.*: magersüchtig
7 ravi/e *adj.*: très content/e *adj.*, très heureux/-euse *adj.*
8 le prix dérisoire: Spottpreis
9 lorsque *conj.*: quand *conj.*
10 interpeller qn: jdn ansprechen oder seine Personalien überprüfen
11 calligrapher: écrire bien
12 la toile: Tuch
13 cacher: verstecken
14 les fesses *f. pl.*: Hintern

– Nous ne taguons pas, le reprend Gérard, nous anticipons la retraite[1] de la publicité.

– Vos papiers.

Nos amis sortent leurs cartes d'identité.

5 Julien et moi avons pris la précaution[2] de nous éclipser[3] dans une rue transversale[4]. Nous sommes mineurs[5]. La consigne est de ne pas risquer de nous faire contrôler et emmener au poste[6] en attendant que nos parents nous y récupèrent[7].

10 La police vérifie les identités, prend les noms et promet des sanctions sévères[8].

Il n'y a que Nicole à réellement surveiller. La vieille dame a parfois des réactions imprévisibles[9]. Noël et Éric l'entourent, prêts à la contenir[10].

15 Une fois les vérifications d'usage effectuées[11], les policiers vont se mettre en faction[12] sur la place du village.

– Qu'est-ce qu'on fait, Julien ?

– Je pense que ton oncle va remballer[13] avec les autres. Je t'accompagne jusqu'à ton vélo, d'accord.

20 – Habillés comme nous sommes ?

– C'est interdit ?

---

1 anticiper la retraite: den Rückzug vorwegnehmen
2 la précaution: Vorsichtsmaßnahme
3 s'éclipser: *ici* se cacher
4 transversal/e *adj.*: Quer…
5 mineur/e *adj.*: avoir moins que 18 ans
6 emmener au poste: *hier* auf die Polizeiwache bringen
7 récupérer: abholen
8 sévère *m./f. adj.*: streng
9 imprévisible *m./f. adj.*: unvorhersehbar
10 contenir qn: jdn in Schach halten
11 la vérification d'usage *m.* effectuée: nach erfolgter Routineüberprüfung
12 en faction *f.*: Wache stehen
13 remballer: wieder einpacken

– Non, je ne crois pas.

– Alors, allons-y.

PUBLICITÉ, MARÉE NOIRE[1] DE NOTRE MATIÈRE GRISE[2]

Nous passons à côté des policiers qui sont restés à l'intérieur de leur voiture de fonction[3]. Julien les salue en soulevant sa perruque. Ils nous ignorent.

– T'es quand même gonflé[4], Julien, dis-je.

Il me prend par la main et nous rejoignons les *Publiphores*, qui rangent les bombes dans les cartons.

– Dis donc Julien, grogne[5] mon oncle, je t'ai vu faire… Tu cherches les ennuis[6] avec les flics[7] ?

– Je les ai juste salués…

– Me prends pas pour un imbécile[8]. Ma nièce[9] est avec toi et vous êtes encore mineurs, combien de fois vous ai-je dit de ne pas attirer l'attention sur vous ? Quand ils vous embarqueront[10]…

– C'est pas la guerre, tu sais, le coupe[11] Julien.

Il fait alors une chose qui me cisaille les jambes[12]. Il se penche[13] sur moi, m'attire à lui et m'embrasse sur la bouche.

Je crois que je deviens rouge comme une pivoine[14].

---

 1 la marée noire: Ölteppich
 2 la matière grise: graue Zellen
 3 de fonction *f.*: Dienst…
 4 gonflé/e *adj.*: frech, draufgängerisch
 5 grogner: murren, knurren
 6 l'ennui *m.*: *ici* le problème
 7 le flic: *fam.* l'agent *m.* de police *f.*
 8 l'imbécile *m./f.*: l'idiot/e
 9 la nièce: Nichte
10 embarquer: *ici* arrêter
11 couper: ins Wort fallen
12 cisailler les jambes *f. pl.*: *fig.* umhauen
13 se pencher: sich niederbeugen
14 la pivoine: Pfingstrose

– Qu'est-ce que tu fabriques ?! s'écrie[1] mon oncle qui s'est redressé et a saisi Julien par l'épaule.

– J'invente une publicité vivante pour l'amour, l'amitié et le bonheur entre les gens.

5 Mon oncle secoue la tête[2], mais ne peut s'empêcher de sourire.

Nicole applaudit et sa mantille lui dégringole[3] sur le nez.

Fabienne et sa tiare nous bénissent[4].

Noël retire son casque à pointe et claque des talons[5].

10 Éric exécute un pas de danse en tutu et godillots.

Antoine fait mine de nager dans une mer virtuelle.

Le spectacle que nous offrons risque de rester gravé dans la mémoire[6] collective. Et je dois admettre[7] qu'être embrassée par un garçon en pyjama rayé[8], chemise à 15 carreaux bardée[9] de pin's et perruque Louis XIV, en pleine rue, un dimanche et devant des policiers est une expérience inoubliable.

---

1 s'écrier: laut ausrufen
2 secouer la tête: Kopf schütteln
3 dégringoler: herunterpurzeln
4 bénir: segnen
5 claquer les talons *m. pl.*: Hacken zusammenschlagen
6 rester gravé dans la mémoire: in Erinnerung bleiben
7 admettre: eingestehen, zugeben
8 rayé/e *adj.*: gestreift
9 bardé/e *adj.*: behängt

Sujets d'étude

A *Pendant la lecture*

1. Relevez des informations sur un des trois protagonistes: Louise, Julien, Gérard.

2. a) Dégagez les étapes de la rencontre entre le monsieur et les deux adolescents (p. 39, l. 3 – p. 40, l. 6).

   b) Expliquez pourquoi le monsieur appelle la police.

3. « Nous ne taguons pas, nous anticipons la retraite de la publicité. » (p. 41, l. 1–2)
   À deux, expliquez les deux points de vue opposés.

B *Après la lecture*

1. « Quant à notre devise, la voici: *Espace public libéré.* » (p. 37, l. 11) Rédigez un tract[1] qui explique la devise des Publiphores.

2. Illustrez sur une affiche un des slogans (p. 30, 31, 33, 36, 38, 40, 42).

---

1   le tract: Flugblatt

Le gang des Mille et Une Nuits

Falah a débarqué[1] au club comme une furie[2].

– Ah, les mecs[3] ! Vous ne devinerez[4] jamais ce que je viens de voir !

Il était excité comme une puce[5]. Il sautait dans tous les
5 sens. On ne pouvait pas le calmer. Ce qu'il avait vu devait être exceptionnel. Nous nous attendions à une révélation[6] de premier ordre et déjà le cercle se formait autour de lui.

Falah nous a attirés dans un angle[7], à l'abri[8] des oreilles indiscrètes des adultes, qui nous zyeutaient de travers[9]. Le
10 président du club nous a fait signe de nous calmer. Il faut avouer[10] que l'excitation de Falah se propageait à la vitesse grand V[11].

Ce soir-là était consacré[12] à l'observation de Vénus. La planète se trouvait à son apogée[13] et brillait de tous ses
15 feux[14]. L'occasion[15] était trop belle pour la laisser passer. Le

1 débarquer: *ici* arriver
2 la furie: personne très excitée, turbulente
3 le mec: *fam.* le copain, le garçon
4 deviner: raten, erraten
5 la puce: Floh
6 la révélation: Enthüllung
7 l'angle *m.*: Ecke
8 à l'abri de *prép.*: abgeschirmt von
9 zyeuter de travers: *fam.* von der Seite anglotzen
10 avouer: zugeben, eingestehen
11 se propager à la vitesse grand V: *expr.* se multiplier très très vite
12 consacrer: widmen
13 l'apogée *f.*: größter Entfernungspunkt (von der Erde)
14 briller de tous ses feux *m. pl.*: *expr.* hell leuchten
15 l'occasion *f.*: la possibilité

délégué[1] au matériel avait déjà chargé[2] les télescopes dans la voiture de l'association. Trois autres véhicules étaient prévus[3] pour le transport des « troupes ». Les moteurs tournaient devant la porte et nous nous apprêtions à[4] partir avant l'interruption animée de Falah.

– Bon, les gosses[5], vous venez, nous n'avons pas toute la nuit…

Le président s'adressait directement à nous. Notre petit groupe de comploteurs[6] stationnait[7] dans le coin le plus reculé de la pièce.

– On arrive, monsieur, juste un instant ! ai-je dit. Allez, Falah, accouche[8] sinon ils vont partir sans nous. Tu les connais, ce ne serait pas la première fois qu'ils nous laisseraient en plan[9]…

Deux sections composent le club. Celle des adultes, qui organise les sorties sur le terrain, débat[10] des détails administratifs et prépare la fête annuelle[11]. Et nous, les jeunes, les apprentis[12], qui formons la section *Copernic* des « amateurs en herbe »[13] comme les « vieux » nous appellent non sans ironie.

Falah a repris son souffle[14]. Il a baissé la tête et commencé de parler à voix basse. Il nous livrait son secret. Sa voix

---

1 le/la délégué/e: le/la responsable
2 charger: laden, beladen
3 prévoir: vorsehen
4 s'apprêter à: être en train de
5 le gosse: *fam.* le garçon
6 le comploteur: *fig.* Verschwörer
7 stationner: *ici* se trouver
8 accoucher: *fam.* Katze aus dem Sack lassen
9 laisser qn en plan: jdn im Stich lassen
10 débattre: discuter
11 annuel/le *adj.*: de l'année *f.*
12 l'apprenti *m.* Anfänger, Auszubildender
13 l'amateur *m.* en herbe *f.*: Grünschnäbel
14 reprendre son souffle *m.*: verschnaufen

chantait plus qu'à l'accoutumée[1]. Les r roulaient sous sa langue[2] tels des galets happés[3] par le ressac[4] de la mer.

Il maniait[5] le français avec aisance[6]. Il nous avait dit un jour que, dans son pays, c'était encore la langue de l'aristocratie et des gens cultivés. Son père avait tenu à ce qu'[7]il l'apprenne dès son plus jeune âge.

– Écoutez, a-t-il dit. En venant, je viens de voir un truc extraordinaire. C'était sous nos yeux et nous, pauvres aveugles[8], on ne le voyait pas…

– Ça va durer encore longtemps vos messes basses[9] ?

Nous n'avions pas vu s'approcher le président. Il se tenait à trois pas de nous, les mains sur les hanches[10]. Un air chagrin[11] allongeait[12] sa figure vers le bas.

– Une seconde, monsieur, a dit Falah. C'est important, on vous rejoint après.

– C'est ça… Eh bien si vous n'êtes pas dehors dans deux minutes, vous pouvez dire adieu à Vénus.

Le président a pivoté[13] sur ses talons[14] et s'est éloigné en ronchonnant[15].

1	à l'accoutumée *f.*: comme d'habitude *f.*
2	rouler sous sa langue *f.*: unter seiner Zunge rollen
3	le galet happé: weggespülter Kieselstein
4	le ressac: Brandung
5	manier: *ici* parler
6	avec aisance *f.*: sans problèmes *m. pl.*, sans difficultés *f. pl.*
7	tenir à ce que (+ subj.): darauf bestehen, dass
8	l'aveugle *m./f.*: personne qui ne peut rien voir
9	la messe basse: stille Messe
10	la hanche: Hüfte
11	chagrin/e *adj.*: triste *m./f. adj.*
12	allonger: *ici* déformer, rendre plus long/ue
13	pivoter: se tourner
14	le talon: Absatz
15	ronchonner: grummeln, murren

– Tu vas nous faire louper[1] l'observation, Falah, a prévenu l'un de nous. Grouille-toi[2] un peu.

Falah s'est accroupi[3]. Une habitude qu'il a quand les choses deviennent sérieuses. Pour lui s'accroupir c'est rassembler[4] le clan, faire corps[5] et prendre de grandes 5 décisions. Nous l'avons imité.

– Voilà, a-t-il repris. J'ai remonté le boulevard principal pour venir jusqu'ici. J'étais un peu en retard et je marchais vite quand j'ai entendu la sirène des pompiers[6]. Leur camion a déboulé[7]. Ils se sont arrêtés devant un magasin de 10 fringues[8]. Ils ont tout de suite tiré les lances à incendie[9]. Je ne comprenais pas parce qu'il n'y avait ni fumée[10] ni panique. À cette heure, un samedi soir, les boutiques sont fermées…

– Abrège[11], mec ! l'a interrompu[12] un copain. On va se 15 faire engueuler[13]…

– Si t'es pressé, je ne te retiens pas, a grogné[14] Falah. Personne n'a moufté[15] et il a pu reprendre : Bon, je vous épargne[16] les détails. Donc, un pompier a pris une échelle[17] sur son dos, il est allé la positionner contre le mur à droite 20

---

1 louper: *fam.* manquer, rater
2 se grouiller: *fam.* faire vite
3 s'accroupir: in die Hocke gehen
4 rassembler: versammeln
5 faire corps *m.*: *fig.* eine Einheit bilden
6 le pompier *m.*: Feuerwehrmann
7 débouler: angerast kommen
8 les fringues *f. pl.*: *fam.* les vêtements *m. pl.*
9 la lance à incendie *f.*: Feuerwehrspritze
10 la fumée: Rauch
11 abréger: faire plus court
12 interrompre: ne pas continuer
13 engueuler qn: *fam.* jdm anschnauzen
14 grogner: knurren, brummen
15 moufter: *fam.* protester
16 épargner qc à qn: jdm etw. ersparen
17 l'échelle *f.*: Leiter

du magasin. Deux de ces collègues sont entrés à l'intérieur ; le proprio[1] venait de leur ouvrir la grille[2]. Le pompier a grimpé[3] à l'échelle et là, il a fait un truc vous ne devinerez jamais…

5 – Quoi ?!

Le cri a été unanime[4]. Nous étions sur les dents[5]. Personne n'imaginait ce que ce pompier avait bien pu faire pour mettre Falah dans cet état[6]. Personne non plus n'a prêté attention au coup de klaxon[7] de la voiture de
10 l'association. Nous étions pendus aux lèvres de[8] notre ami.

– Il a… a articulé Falah en détachant[9] chaque syllabe[10]. Il a éteint[11] les spots de la vitrine et les néons de l'enseigne.[12]

Nous nous sommes regardés les uns les autres. Notre surprise était davantage[13] motivée par la déception[14]. Nous
15 étions prêts à la révélation du siècle et Falah nous servait une histoire minable[15] : un pompier qui débranche le courant[16], tu parles d'une découverte…

Nous nous sommes levés comme un seul homme et nous avons couru dehors. Le président et la section adulte

---

1   le/la proprio: *fam.* le/la propriétaire
2   la grille: *hier* Türgitter
3   grimper: hochklettern
4   unanime *m./f. adj.*: einhellig, einstimmig
5   être sur les dents *f. pl.*: angespannt sein
6   l'état *m.*: Zustand
7   le klaxon: Hupe
8   pendre aux lèvres *f. pl.* de qn: *fig.* jdm an den Lippen hängen
9   détacher: *ici* prononcer
10 la syllabe: Silbe
11 éteindre: ausschalten
12 l'enseigne *f.*: Schild, Firmenschild
13 davantage *adv.*: plus
14 la déception ≠ la joie
15 minable *m./f. adj.*: mauvais/e *adj.*, misérable *m./f. adj.*
16 débrancher le courant: Strom abschalten

n'étaient plus là. Grâce à[1] Falah, nous venions de perdre l'occasion d'une rencontre nocturne[2] avec Vénus.

Falah, en arabe, signifie victoire, succès ou encore réussite[3]. C'est ce que j'aime dans les prénoms étrangers : leur signification. Allez en trouver une à Louis, Jacques, Robert ou Paul… 5

Falah, nous l'avons d'abord connu au bahut[4]. Un matin d'hiver, on a vu arriver un type emmitouflé[5] dans un énorme manteau, des mitaines[6] aux mains et un bonnet absolument ridicule sur la tête. Il se déplaçait avec lenteur[7], comme s'il 10
était engourdi[8]. Il m'a immédiatement[9] fait penser à un phasme[10].

Falah est tout en os[11], avec des bras et des jambes d'une longueur démesurée[12] et d'une maigreur[13] étonnante. Un camarade a tôt fait de le surnommer[14] le vaisseau du désert[15], 15
allusion[16] au chameau[17] et à ses origines.

---

1 grâce à *prép.*: dank
2 nocturne *m./f. adj.*: dans la nuit
3 la réussite: le succès
4 le bahut: *fam. ici* le lycée
5 emmitouflé/e *adj.*: einqemummelt
6 la mitaine: fingerlose Handschuh
7 avec lenteur *f.* ≠ vite *adv.*
8 engourdi/e *adj.*: paralysé/e *adj.*, immobile *m./f. adj.*
9 immédiatement *adv.*: tout de suite *adv.*
10 le phasme: (langgestrecktes) Insekt
11 en os *m.*: aus Knochen
12 démesuré/e *adj.*: übermäßig
13 la maigreur: Magerkeit
14 surnommer: appeler
15 le vaisseau du désert *m.*: Wüstenschiff
16 l'allusion à *f.*: Anspielung auf
17 le chameau: Kamel

En quelques mois Falah s'est intégré à notre petite communauté[1]. Il a su se faire accepter malgré[2] certains qui, sans être réellement racistes mais se mettant par mimétisme au diapason de[3] leurs parents, n'aimaient ni son accent ni
5   sa couleur de peau un peu foncée[4].

Nous avons appris qu'il était comme nous un fanatique d'astronomie. En résumé : avant de venir en France, Falah habitait avec son père, avocat de profession, une ville proche du désert. Pendant ses loisirs, Falah galopait la nuit
10   tombée dans l'erg[5]. Il observait la voûte céleste[6] à l'aide d'un télescope que lui avait offert un oncle.

Je ne sais plus qui a eu le premier l'idée d'inviter Falah au club d'astronomie. Les choses se sont faites d'elles-mêmes, je suppose, et nous avons appris à mieux nous
15   connaître.

Depuis, nous avons rendez-vous les samedis soir au club, soit pour des observations quand le temps le permet, soit[7] pour des recherches sur Internet ou encore des conférences données par des scientifiques[8].

20   On s'est tous retrouvés dehors devant le club.

– Ils sont partis et m'ont dit de fermer la porte derrière vous.

Le gardien de l'immeuble où se situe le siège[9] du club avait un sourire jusqu'aux oreilles. Cet homme, pour

---

1 la communauté: Gemeinschaft
2 malgré *prép.*: trotz
3 se mettre par mimétisme *m.* au diapason *m.* de qn: sich der Meinung von jdm einstellen
4 foncé/e *adj.*: dunkel
5 l'erg *m.*: Sandmeer in der Sahara
6 la voûte céleste *m./f. adj.*: Himmelsgewölbe
7 soit … soit *conj.*: entweder … oder
8 le/la scientifique: Wissenschaftler/in
9 le siège *m.*: Sitz

d'obscures[1] raisons, ne nous apprécie guère[2]. Il jubilait de nous voir désemparés[3], ayant loupé bêtement la séance d'observation de Vénus.

– Restez pas ici à rien faire, les locataires[4] aiment pas voir des jeunes traîner[5] en bas de l'immeuble…   5

Nous sommes partis en direction du centre-ville.

Nous marchions en silence. Nous n'avions pas encore digéré[6] cette soirée manquée. Peut-être en voulions[7]-nous à Falah de nous avoir retenus pour nous raconter son aventure sans intérêt.   10

– J'ai eu une idée, dit Falah quand nous avons tourné à droite pour prendre la direction du boulevard.

– Si elle est comme ton histoire, tu peux te la garder pour toi… a répliqué[8] l'un d'entre nous.

– Vous n'avez rien compris, alors… s'est lamenté[9] Falah.   15

– Parce qu'il y avait quelque chose à comprendre ?

Il n'a pas répondu.

Notre bande de garçons descendait maintenant le boulevard, la plupart les mains dans les poches et l'air boudeur[10].   20

J'ai donné un coup de pied dans une canette[11] qui traînait sur le trottoir. Le bruit métallique s'est répercuté[12] en écho.

---

1 obscur/e *adj.* ≠ clair/e *adj.*
2 ne … guère *adv.* apprécier: aimer peu *adv.*
3 désemparé/e *adj.*: sans idée *f.*
4 le/la locataire: personne *f.* qui habite dans un appartement ou un immeuble
5 traîner: *fam.* herumlungern
6 digérer: *fig.* verdauen
7 en vouloir à qn: jdm etw. übel nehmen
8 répliquer: répondre
9 se lamenter: protester
10 boudeur/-euse *adj.*: beleidigt
11 la canette: Dose
12 se répercuter: widerhallen

Il y avait peu de badauds[1]. Dans une petite ville tranquille comme la nôtre, le samedi soir, les rues sont plutôt orphelines[2].

– On fait quoi ? a demandé quelqu'un.

5   – C'est là, regardez ! s'est écrié[3] Falah.

Il a tendu la main vers une vitrine. Aucune lumière ne l'illuminait. Le néon au-dessus était éteint. C'était la seule boutique du boulevard plongée[4] dans le noir.

– Tu vas pas remettre[5] ça…

10   – Bon, comme vous êtes bouchés[6], je vais vous expliquer, a soupiré[7] Falah.

Nous n'avions aucune envie d'écouter à nouveau son histoire à la noix[8]. Nous avons passé l'âge où les exploits[9] des pompiers nous passionnent[10].

15   Nous l'avons laissé sur place et nous avons continué de marcher sans plus nous occuper de lui.

– Eh, les gars[11] ! Si on éteignait tout ! a-t-il crié dans notre dos.

Falah, à l'occasion des premières observations nocturnes 20 que nous avions faites ensemble, s'est plaint[12] de la pollution lumineuse[13].

---

1   le badaud: *ici* personne *f.* qui se promène
2   orphelin/e adj: *ici* vide *adj.*
3   s'écrier: ausrufen
4   plonger dans qc: *fig.* in etw. eintauchen
5   remettre qc: *ici* recommencer
6   bouché/e *adj.*: bête *adj.*
7   soupirer: seufzen
8   à la noix: *expr. fam.* de mauvaise qualité *f.*
9   les exploits *m. pl.*: Großtaten
10   passionner: begeistern
11   le gars: *fam.* le garçon
12   se plaindre: sich beklagen
13   la pollution lumineuse: Lichtverschmutzung

– Dans mon désert, le ciel est comme un marbre[1] noir piqué d'étincelles[2], a-t-il dit.

Il lui arrive de parler comme un livre, et j'avoue[3] que ça m'agace[4] un peu. Mais il a raison. Les lumières de la ville nous empêchent[5] de voir clairement les étoiles et les planètes. Elles envahissent[6] l'espace[7], le grisent[8], le salissent[9] et le rendent impropre[10] à l'observation astronomique. Où que nous allions, l'intensité lumineuse pose un problème.

Falah n'en revenait pas de cette débauche[11] de lumière.

– Comment pouvez-vous rêver en plein jour… la nuit ?

Nous n'avions pas de réponse. Pour nous, la situation est banale et nous ne nous en étonnons plus.

Seul Falah ne cesse[12] de maudire[13] cet éclairage artificiel[14].

– Pourquoi laisse-t-on les rues, les magasins, les enseignes allumés[15] la nuit ?

Que répondre à sa question ? Nous n'avons jamais connu autre chose. Il semble logique que la ville rayonne[16] la nuit.

---

1   le marbre: Marmor
2   piqué/e *adj.* d'étincelles *f. pl.*: gespickt mit Funken
3   avouer: gestehen
4   agacer: verärgern
5   empêcher de: daran hindern
6   envahir qc: sich über etw. hermachen
7   l'espace *m.*: Weltraum
8   griser: faire gris
9   salir: beschmutzen
10 rendre impropre à qc: für etw. ungeeignet machen
11 la débauche: Verschwendung, Vergeudung
12 cesser de: arrêter de
13 maudire: verfluchen
14 l'éclairage *m.* artificiel: künstliche Beleuchtung
15 allumé/e *adj.*: eingeschaltet
16 rayonner: leuchten

La nuit, la vraie, on ne doit la connaître que dans des villes et des villages sous-développés. Elle est synonyme de pauvreté et d'inculture[1].

– Mon père dit que Dieu a inventé la nuit pour que les djinns[2] puissent veiller[3] sur nous.

Dans un premier temps, Falah a dû nous expliquer ce qu'est un djinn : un génie[4], un farfadet[5], un elfe. Beaucoup se sont moqués. Les contes de fées c'est bon pour les gamins[6] ou les attardés[7].

– N'importe quoi[8]… a ironisé quelqu'un. T'as déjà vu un… un quoi déjà… ah oui ! un djinn ?

– Ici, dans cette ville, non. La lumière les avale[9].

Personne n'a osé[10] demander s'il en avait vu dans son pays d'origine.

– C'est l'occasion ou jamais[11].

Nous avions fait demi-tour[12] et rejoint Falah. Il nous parlait à voix basse, regardant autour de lui si personne ne nous épiait.[13]

– Il est presque onze heures. Nos parents nous croient en train d'observer Vénus et nous, nous sommes sur ce boulevard éclairé comme une salle de music-hall. Alors, je

---

1 l'inculture: manque *f.* de culture *f.*
2 le djinn: nach islamischen Vorstellungen ein unsichtbares, dämonenartiges Wesen
3 veiller sur: faire attention à
4 le génie: *hier* Geist(wesen)
5 le farfadet: Kobold
6 le gamin: *fam.* le petit enfant
7 attardé/e *adj.* zurückgeblieben
8 n'importe quoi: *fam.* Unsinn!
9 avaler: schlucken, verschlucken
10 oser: wagen
11 c'est l'occasion *f.* ou jamais: *expr.* jetzt oder nie
12 faire demi tour *m.*: umkehren, umdrehen
13 épier: observer

me dis… pour Vénus, pour tous ceux qui veulent l'admirer, pour qu'une fois au moins la nuit l'emporte[1] définitivement sur le jour… je me suis dit qu'on pourrait éteindre la rue. Regardez !

Falah a levé la tête et nous l'avons imité.   5

À trois mètres de hauteur la manette d'un boîtier-interrupteur[2] avait été abaissée[3].

– C'est comme ça que le pompier a coupé l'électricité. Et voyez, il y a un boîtier au-dessus de chaque magasin…

C'était vrai. Visiblement ceux-ci servaient à couper le   10
jus[4] en cas d'incidents[5]. Pas une boutique qui ne possédait[6] le sien. Nous n'y avions jamais fait attention.

– Je veux bien, a constaté quelqu'un, mais comment tu t'y prends[7] ? On n'a pas d'échelle[8]…

Falah a souri.   15

Quand un problème quelconque[9] se présentait à lui, Falah souriait. Il donnait l'impression bizarre d'emberlificoter[10] le problème et de l'endormir, même quand il avait la solution comme ce soir-là.

– L'acrogym[11].

---

1   emporter sur: *ici* gagner, triompher sur
2   la manette d'un boîtier-interrupteur: Hebel, Griff des Sicherungskastens
3   abaisser: herunterdrücken
4   le jus: *fam. ici* l'électricité *f.*
5   en cas *m.* d'incidents *m. pl.*: quand il y a des problèmes *m. pl.*
6   posséder: avoir
7   comment s'y prendre qc: wie etw. anstellen
8   l'échelle *f.*: Leiter
9   quelconque *adj.*: x-beliebig
10 emberlificoter: *fam.* beschwatzen
11 l'acrogym *f.*: Sportakrobatik

Était-ce encore une de ces manières indirectes de nous poser une devinette[1] ? Falah pouvait se montrer exaspérant[2] parfois.

– Bon, ça va comme ça mon vieux, ai-je dit. Soit tu t'expliques, soit on se taille[3].

Falah n'a pas souri. Je n'étais pas un problème pour lui.

– Pour une fois qu'un cours d'EPS[4] va nous servir à quelque chose, a-t-il expliqué. On va mettre en pratique les exercices d'acrogym, les mecs. Vous comprenez maintenant ?

Sans nous laisser le temps de cogiter[5], Falah a saisi par le bras deux copains et les a entraînés[6] vers le magasin le plus proche dont la vitrine et l'enseigne étaient éclairées.

– Tu te mets là, et toi là.

Il a positionné les deux garçons comme nous l'avait montré la prof d'eps. Falah a grimpé[7] sur leurs épaules[8]. Il a levé une main et... a abaissé la manette. Aussitôt[9] les lumières se sont éteintes.

D'un saut[10], il a atterri[11] par terre.

---

1 la devinette: jeu *m.* dans lequel on pose des questions *f. pl.*
2 exaspérant/e *adj.*: énervant/e *adj.*
3 se tailler: *fam.* partir, s'en aller
4 l'EPS *f.*: le cours de sport à l'école
5 cogiter: *fam.* réfléchir
6 entraîner: *hier* mitnehmen
7 grimper: klettern
8 l'épaule *f.*: Schulter
9 aussitôt *adv.*: tout de suite *adv.*
10 le saut: Sprung
11 atterrir: landen

Nous n'en revenions[1] pas. Son audace[2] et la facilité avec laquelle il était parvenu à ses fins[3] nous laissaient sans voix[4].

– Allez, pas de temps à perdre. Nous sommes six. On se sépare en deux groupes. Vous trois de l'autre côté du boulevard et nous trois de ce côté-ci. Les plus légers montent sur les épaules des autres.

Falah parlait d'une voix ferme[5] et décidée. Nous n'avons pas discuté. Nous avons obéi[6]. D'autant que[7] nous étions sacrément[8] excités[9] à l'idée de rendre le boulevard à la nuit.

Comme je suis le plus léger après Falah, c'est à moi qu'est revenu l'honneur d'abaisser les manettes de mon côté du boulevard.

Nous pressions[10] le mouvement. Les quelques gens qui nous croisaient[11] n'en revenaient pas. Un homme nous a demandé ce que nous fabriquions. J'ai répondu : « La nuit. » Il a paru[12] surpris, mais a passé son chemin.

Au bout d'une demi-heure, nous avions éteint une grande partie des néons et des vitrines. Là où nous étions intervenus, la rue était quasiment rendue à l'obscurité[13],

---

1   en revenir: *hier* aus dem Staunen herauskommen
2   l'audace *f.*: le courage
3   parvenir à sa fin: sein Ziel erreichen
4   la voix: Stimme
5   ferme *adj.*: fest
6   obéir: gehorchen
7   d'autant que *conj.*: umso mehr als
8   sacrément *adv.*: très *adv.*
9   excité/e *adj.*: aufgeregt
10   presser: faire plus vite
11   croiser: über den Weg laufen
12   paraître: scheinen
13   l'obscurité *f.*: Dunkelheit

hormis¹ l'éclairage public. Notre victoire, pour n'être que partielle², n'en était pas moins stupéfiante³.

– Pourquoi avez-vous fait ça ?

   – Pour les djinns, répond Falah.

5   Nous sommes dans le bureau d'un inspecteur de police. Six garçons qui viennent de sortir d'un fourgon⁴ et d'entrer dans le poste⁵.

   – Tu te fous de⁶ moi ?

   – Non, je réponds.

10   – C'est à lui que je parle ! s'emporte⁷ l'inspecteur.

   – Nous sommes tous d'accord avec Falah, intervient un copain.

   – Bon… dit l'inspecteur. Nous verrons si vous avez le même son de cloche⁸ quand vos parents viendront vous

15 chercher…

   Quelques instants plus tôt, nous nous sommes fait embarquer⁹ par la police. Quelqu'un a certainement téléphoné pour signaler nos agissements¹⁰. Les policiers ont débarqué par les deux bouts du boulevard. Nous étions à ce

20 moment-là réunis au centre, sur la voie, et contemplions¹¹ notre œuvre.

   – On se taille¹² ! ai-je crié. Vite !

---

1   hormis *prép.*: bis auf
2   partiel,le *adj.*: teilweise,
3   stupéfiant/e *adj.*: surprenant/e *adj.*, incroyable *adj.*
4   le fourgon: la voiture de transport
5   le poste: *ici* le poste de police *f.*
6   se foutre de qn/qc: pej. se moquer de qn/qc
7   s'emporter: se mettre en colère
8   le son de cloche: *fig.* Version
9   se faire embarquer: se faire arrêter
10   l'agissement *m.*: l'action *f.*
11   contempler: regarder attentivement *adv.*
12   on se taille: *fam.* on s'en va

Falah m'a retenu par la manche.[1]

– Pourquoi ? a-t-il demandé.

– Comment ça pourquoi ?

– Tu ne penses pas qu'il faut être responsable de ses actes ? 5

Je n'en croyais pas mes oreilles. Des réflexions comme celle-là, on y avait droit en cours d'instruction civique[2], ou alors c'était nos parents qui nous bassinaient[3] de ces bons sentiments, des devoirs et des droits, de la responsabilité de chacun[4]. Bref des trucs de vieux... 10

– Mais on va se faire arrêter... ai-je dit d'une voix geignarde[5], comme un petit enfant pris en faute.

– Et alors, qu'a-t-on fait de mal ?

Les copains jetaient des coups d'œil inquiets sur[6] les policiers qui se précipitaient[7] vers nous. L'affolement[8] 15 commençait à les gagner.

– On a tout éteint, ai-je répondu.

– Et ?

Décidément[9], Falah a un don[10] pour embrouiller[11] les gens. Le temps que je réfléchisse à ce Et interrogatif[12], les 20 policiers nous encerclaient[13].

---

1 la manche: Ärmel
2 l'instruction f. civique adj.: Gesellschaftslehre (Unterrichtsfach in Frankreich)
3 bassiner: fig. énerver
4 chacun/e pron.: tout le monde adv.
5 geignard/e adj.: wehleidig
6 jeter un coup d'œil m. inquiet adj. sur qn/qc: einen beunruhigten Blick auf jdn/etw. werfen
7 se précipiter: sich schnell bewegen
8 l'affolement m.: la peur
9 décidément adv.: bien sûr adv.
10 le don: ici le talent
11 embrouiller: irriter
12 interrogatif/-ive adj.: fragend
13 encercler: einkreisen

– Et… rien, ai-je soufflé[1] d'une voix consternée.

C'était il y a un quart d'heure.

L'inspecteur a téléphoné devant nous à nos parents.

Pour être honnête, nous n'en menons pas large[2]. Ça va
5 être notre fête.

    – C'était mon idée, prend sur lui[3] Falah.

    – Je n'en doute pas[4], répond l'inspecteur.

Falah se tait.

Le surlendemain?[5] Falah est l'attraction du bahut[6].

10   Notre virée[7] de samedi soir s'est ébruitée[8]. On nous
entoure[9]. On pose des questions. On demande comment on
s'en est sortis. Falah parle peu. Il n'a pas pour habitude de
se vanter[10]. Il faut que je raconte à sa place, répète, ressasse[11],
à tel point[12] que ça en devient agaçant.

15   Le soir, Falah me téléphone pour me dire qu'un
journaliste est venu chez lui et lui a posé des questions.

    – La gloire, dis-je.

    – On verra bien… Ah, et puis parce qu'il y tenait et qu'il
ne voulait pas croire que nous n'avions pas prémédité[13]
20 notre coup, il a voulu savoir si nous allions recommencer.

     Pourtant quand nos parents ont été réunis au poste de
police, que dans leurs regards il y avait pas mal de colère,

---

1 souffler: flüstern
2 ne pas en mener large: *expr. fam.* mit der Angst zu tun kriegen
3 prendre sur soi: sich zusammenreißen
4 je n'en doute pas: zweifelsohne
5 le surlendemain: am übernächsten Tag
6 le bahut: *fam. ici* l'école
7 la virée: le tour
8 s'ébruiter: circuler
9 entourer: umringen
10 se vanter: se glorifier
11 ressasser: bis zum Überdruss wiederholen
12 à tel point *m.*: derart
13 préméditer: préparer, faire un plan

j'avoue que nous nous préparions à passer un mauvais quart d'heure.

L'inspecteur a récapitulé les faits qu'on nous reprochait[1]. Il nous a traités de « voyous[2] », ce qui a produit son petit effet.

5

Le père de Falah est arrivé le dernier. Il avait dû prendre son temps pour se vêtir[3] d'un costume impeccable[4], le cou serré[5] par une cravate. Nos parents, eux, étaient plutôt débraillés[6]. Ils avaient été surpris de savoir leurs enfants dans le bureau de l'inspecteur quand ils les pensaient à observer Vénus avec le club d'astronomie. Ils avaient aussitôt accouru[7]. Ils étaient muets d'indignation[8].

10

L'inspecteur s'est tu. Le silence est devenu pesant[9].

– S'il vous plaît…

Le père de Falah a pris la parole. Il semblait très calme, plus que mon père en tout cas, qui torturait[10] ses mains et dont les regards courroucés[11] prédisaient le pire.

15

– Excusez-moi, a-t-il repris après une brève pause. Je conviens[12] avec vous que ce que nos enfants ont fait peut être considéré comme… Je ne sais pas trop comment dire… mal, peut-être. Mais…

20

L'inspecteur l'écoutait sans oser l'interrompre. Une ombre[13] est passée sur son visage.

---

1 reprocher: vorwerfen
2 le voyou: le petit gangster
3 se vêtir: s'habiller
4 le costume impeccable *m./f. adj.*: tadelloser Anzug
5 le cou serré: den Hals zusammengedrückt
6 être débraillé/e: porter des vêtements *m. pl.* en désordre *m.*
7 accourir: herbeieilen
8 muet/te *adj.* d'indignation *f.*: stumm vor Scham
9 pesant/e *adj.*: drückend
10 torturer: *fig.* foltern
11 courroucé/e *adj.*: en colère *f.*
12 convenir: einräumen, zugestehen
13 l'ombre *f.* Schatten

– Je ne crois pas, a repris le père de Falah, qu'il y ait une loi[1] en France qui interdise[2] d'éteindre par l'extérieur les lumières des magasins. Avant de venir, d'où mon retard que je vous prie d'excuser[3], j'ai contacté un collègue avocat...

5 L'inspecteur a blêmi[4]. Ses mâchoires[5] se sont contractées[6].

– Oui, j'étais moi-même avocat dans mon pays. Bref, un collègue français m'a assuré[7] qu'il y avait un vide juridique[8] dans ce domaine précis.

10 Quand nous sommes ressortis du poste, je n'ai pas pu m'empêcher de demander au père de Falah ce qu'était un « vide juridique ».

– Un vide juridique, a dit Falah en devançant[9] son père, c'est un djinn de la nuit...

15 – Tu lui as répondu quoi, au journaliste ? je demande, le combiné[10] du téléphone collé[11] contre mon oreille.

Il marque un temps. J'entends la respiration[12] de Falah dans l'appareil.

– Je lui ai dit que je ne savais pas, que je n'étais pas le 20 seul à décider.

– Ah bon... dis-je un peu déçu par sa réponse.

---

1 la loi: Gesetz
2 interdire: verbieten
3 que je vous prie d'excuser: den ich zu entschuldigen bitte
4 blêmir: erbleichen
5 la mâchoire: Kiefer
6 se contracter: sich zusammenziehen
7 assurer: versichern
8 le vide juridique *adj.*: Gesetzeslücke
9 devancer: vorgreifen
10 le combiné de téléphone *m.*: Telefonhörer
11 coller: kleben
12 la respiration: Atmung

Je pourrais jurer[1] que Falah sourit à l'autre bout du fil quand il ajoute :

– Mais, on ne sait jamais… Alors je lui ai annoncé la naissance, depuis avant-hier soir, du *Gang des Mille et Une Nuits*.

5

Sujets d'étude

A Pendant la lecture

1. « Ils sont partis et m'ont dit de fermer la porte derrière vous. » (p. 51, l. 21–22). Expliquez cette phrase dans le contexte de la nouvelle.
2. Falah et ses amis discutent de la lumière dans les nuits de nos villes (p. 53, l. 19 – p. 55, l. 14).
   a) À deux, énumérez les arguments de Falah d'une part et de ses amis d'autre part.
   b) Préparez et présentez un monologue minute qui expose le sujet.
   c) Donnez votre point de vue.
3. Caractérisez Falah.
   a) Analysez les conséquences de l'action des garçons en tenant compte de la fin de la nouvelle.
   b) Expliquez ce que vous en pensez.

B Après la lecture

Regardez clip suivant:
http://earthhour.fr/Accueil/Bienvenue
   a) Résumez les données essentielles de ce clip.
   b) Discutez l'action présentée.

---

1   jurer: schwören

Le refus

Corentin est un garçon intelligent, sensible et aussi timide.
Il n'a pas dit un mot avant l'âge de trois ans. Ses parents
s'inquiétaient, mais dès qu'[1]il a parlé, ce fut comme si une
digue sautait[2]. Sa curiosité[3] est devenue insatiable[4] et son
5   besoin d'apprendre impérieux[5]. Il a sauté[6] la classe de CP[7],
puis celle de CM1[8].

Aujourd'hui il est en seconde au lycée.

Sept heures trente ce lundi matin, il fait encore nuit. Les
lampadaires municipaux[9] distillent une lumière jaune
10 laiteuse[10].

Corentin, contrairement à son habitude, marche dans
l'ombre. Il a choisi le côté de la rue le moins éclairé[11]. Quand
il passe devant une vitrine, il accélère[12].

Son attitude est empruntée[13]. Parfois il s'arrête, recule[14]
15 d'un pas, puis repart.

1	dès que *conj.*: sobald
2	comme si une digue sautait: als ob ein Damm gebrochen sei
3	la curiosité: Neugier
4	insatiable *m./f. adj.*: insatisfait/e *m./f. adj.*
5	impérieux/-euse *adj.*: unabweisbar
6	sauter: *hier* überspringen
7	le CP (le cours préparatoire): 1. Schuljahr im französischen Schulsystem
8	le CM1 (le cours moyen première année): 4. Schuljahr im französischen Schulsystem
9	le lampadaire municipal: Straßenlaterne
10	laiteux/-euse *adj.*: milchig
11	éclairer: beleuchten
12	accélérer: aller plus vite *adv.*
13	emprunter: *hier* übernehmen
14	reculer ≠ avancer, aller devant

Il lui faut environ quinze à vingt minutes à pied pour aller de l'appartement de ses parents au lycée. Quand il aperçoit[1] devant lui un de ses condisciples[2], il prend soin de[3] se maintenir à une bonne distance.

Il a croisé[4] quelques passants pressés qui ne se sont pas souciés de[5] lui. Pourtant, à chaque fois, son cœur s'est emballé[6] et sa respiration s'est accélérée. Il est à la fois résolu[7] et hésitant[8].

Hier, dimanche, ses parents sont allés chez des amis.

– Tu es certain que tu ne veux pas venir, Corentin ? lui a demandé sa mère.

– Oui, j'en suis sûr.

Il a senti qu'elle attendait une explication. Elle savait que son fils n'était pas indifférent[9] à Emma, la fille de la famille. Jusque-là, Corentin avait toujours insisté pour les accompagner.

– J'ai des contrôles importants demain. Il faut que je révise[10], a-t-il menti.

Sa mère a hoché la tête[11].

– Tout va bien en classe ?

1 apercevoir: voir, remarquer
2 le/la condisciple: un/e autre élève *m./f.* de son école *f.* ou de sa classe *f.*
3 prendre soin *m.* de: faire attention *f.* à
4 croiser: passer
5 se soucier de qn/qc: sich um jnd/etw. sorgen
6 s'emballer: *fig.* durchgehen
7 résolu/e *adj.*: entschieden
8 hésitant/e *adj.* ≠ résolu/e *adj.*
9 indifférent/e *adj.*: gleichgültig
10 réviser: revoir son travail *m.*
11 hocher la tête: *hier* mit dem Kopf nicken

Elle était surprise. Corentin était un élève que l'on peut qualifier de surdoué[1]. Il avait pris l'habitude de ne jamais travailler le dimanche.

– Oui, maman. Simplement, je veux *avoir une bonne*
5 *note.*

Corentin a avalé sa salive[2]. Ce qu'il venait de dire était totalement idiot. Avec 19 de moyenne générale[3], avoir une bonne note n'avait aucun sens dans sa bouche.

– Comme tu voudras…

10 Corentin approche[4] du lycée. Les cours commenceront dans dix minutes. Des élèves attendent devant les grilles[5]. D'autres entrent et se dirigent vers l'intérieur du bâtiment, vers l'agora[6] illuminée où ils vont se mettre au chaud.

Corentin a décidé d'attendre le dernier moment. Il sait
15 qu'une fois à l'intérieur, il ne sera plus invisible. Il redoute[7] le moment où il devra se montrer. Dans un même élan, il appréhende[8] les réactions et les souhaite[9]. Jongler entre ses deux attentes contradictoires[10] le rend nerveux et inquiet.

Il n'a pas dormi de la nuit ou si peu. Il transpirait puis
20 grelottait[11], et transpirait à nouveau[12]. Il a tourné le problème dans sa tête des dizaines[13] de fois. A-t-il raison ? Qu'est-ce

---

1 surdoué/e *adj.*: hochbegabt
2 avaler sa salive: seine Spucke herunterschlucken
3 19 de moyenne *f.* générale: 19 von 20 möglichen Punkten im Notendurchschnitt
4 approcher de qc/qn: sich etw./jmd nähern
5 la grille: Umzäunung
6 l'agora: *ici* le foyer de l'école *f.*
7 redouter qn/qc: avoir peur de qn/qc
8 appréhender: befürchten
9 souhaiter: désirer
10 l'attente *f.* contradictoire *m./f. adj.*: widersprüchliche Erwartung
11 grelotter: schlottern
12 à nouveau: encore une fois
13 la dizaine: etwa zehn

que ça changera ? Ses parents seront forcément[1] informés ?
Que leur dira-t-il ? Que vont-ils penser ? Comprendront-ils ?

Hier, dimanche, dès que la porte d'entrée s'est refermée sur
ses parents, Corentin s'est hâté[2] vers la fenêtre du salon. Il a 5
regardé en contrebas[3] et les a vus sortir de l'immeuble[4],
puis marcher sur le trottoir[5] d'en face. Ils ont disparu à
l'angle de la rue. Son père gare[6] toujours la voiture dans
une impasse[7] voisine. Il a encore attendu, au cas où ils
auraient oublié quelque chose. 10
   Plus tard il a fouillé[8].
   Il n'était encore jamais entré dans leur chambre en leur
absence. Corentin a pris soin de ne rien déranger et de
remettre à sa place le moindre[9] vêtement, le plus petit objet.
   Il lui a fallu une heure avant de se décider. 15
   La question la plus délicate était de savoir si ses parents
ne s'en apercevraient pas en rentrant. Son choix s'est donc
porté sur de l'ancien[10].
   Corentin a quitté la chambre parentale[11], un long filet de
transpiration coulait dans son dos[12]. Il s'est précipité vers la 20

1 forcément *adv.*: zwangsläufig
2 se hâter: *ici* aller vite *adv.*
3 en contrebas *m.*: weiter unten
4 l'immeuble *m.*: maison *f.* de plusieurs étages *m.*
5 le trottoir: Bürgersteig
6 garer: parken
7 l'impasse *f.*: Sackgasse
8 fouiller: durchsuchen, durchwühlen
9 le/la moindre: geringste
10 son choix s'est donc porté sur de l'ancien *m.*: seine Wahl fiel auf
    ältere Kleidungsstücke
11 parental/e *adj.*: des parents *m. pl.*
12 le long filet de transpiration coulait dans son dos: der Schweiß lief
    ihm in Strömen den Rücken hinunter

sienne[1], le souffle court[2]. Il y est entré en trombe[3]. D'un regard circulaire il a fait le tour la pièce.

Où pouvait-il les cacher en attendant le lundi matin ?

Huit heures moins cinq, la lumière du jour naissant[4] mange
5 l'obscurité[5]. Corentin consulte une nouvelle fois sa montre à son poignet[6] gauche. La trotteuse[7] semble galoper plus vite que d'habitude.

« Et si je faisais demi-tour[8] ? » pense-t-il.

Ce serait la première fois qu'il sécherait[9] les cours. L'idée
10 n'est pas totalement saugrenue[10]. Corentin hésite. Il est encore temps de flancher[11] et de rentrer dans le rang[12].

– Corentin !

Il se retourne. C'est un élève de sa classe, à peine[13] à trente mètres. Il le voit marquer un temps d'hésitation –
15 visiblement quelque chose cloche[14].

L'interpellation[15] surprise de ce camarade ne laisse plus de choix à Corentin. Il fonce[16].

– Corentin ! entend-il encore une fois derrière lui.

---

1 se précipiter vers la sienne: *ici* rentrer vite *adv.* dans sa chambre *f.*
2 le souffle court: kurzatmig
3 en trombe *f.*: *fig.* wie ein Blitz
4 naissant/e *adj.*: *hier* anbrechend
5 l'obscurité *f.*: Dunkelheit
6 le poignet: Handgelenk
7 la trotteuse: Sekundenzeiger
8 faire demi-tour *m.*: umkehren
9 sécher: *fam.* schwänzen
10 saugrenu/e adj: idiot/e *adj.*
11 flancher: *fam.* versagen
12 rentrer dans le rang: *fig. fam.* klein beigeben
13 à peine *adv.*: kaum
14 quelque chose cloche: *fam.* etwas stimmt nicht
15 l'interpellation *f.*: Zwischenruf
16 foncer: rasant gehen, sich beeilen

Il franchit[1] les grilles du lycée sans voir personne. Il fonce. Il entre dans l'agora. La lumière est violente. Il cligne[2] des yeux. Le premier cours est du français en salle 112, à l'étage. Il fonce. Il grimpe[3] les escaliers trois par trois. Il arrive dans le couloir. La porte de la salle est ouverte. Des 5 élèves entrent. Corentin fonce. Les places ont été attribuées[4] par le professeur en début d'année. Ils sont deux par table. Le lycéen avec qui il partage la sienne est déjà là, assis. Plié en deux[5], il farfouille[6] dans son sac à dos. Corentin n'hésite pas une seconde. Il fonce. S'assoit et ne bouge plus. 10

Comme il n'a pas dormi, il n'a pas eu de difficulté à se réveiller ce lundi matin. Il est passé aux toilettes, puis s'est débarbouillé[7] dans la salle de bains. Il s'est habillé, comme il le fait toujours avant le petit déjeuner. La coutume[8] veut qu'on le prenne en famille. 15

Corentin s'est assis à sa place, a déplié[9] sa serviette qu'il a posée sur ses genoux[10].

– Tu aurais dû venir hier. On s'est bien amusés… a dit son père. Emma était contrariée[11] que tu ne sois pas là.

Sa mère a servi le chocolat chaud pour lui, et pour eux 20 du café.

– Ça va ? l'a interrogé son père. Tu as l'air bien pâle[12].

– Je vais bien, papa.

1	franchir: überqueren
2	cligner: blinzeln
3	grimper: monter
4	attribuer: zuweisen
5	être plié/e en deux: *hier* gebückt
6	farfouiller: *fam.* kramen
7	se débarbouiller: sich das Gesicht waschen
8	la coutume: l'habitude *f.*
9	déplier: auseinander falten
10	le genou: Knie
11	contrarié/e *adj.* verärgert
12	pâle *m./f. adj.*: blass

Ils ont bu et mangé.

À sept heures précises, son père est parti travailler. Sa mère a rangé les couverts sales dans le lave-vaisselle[1]. Elle a nettoyé la table de la cuisine avant d'aller prendre une
5 douche.

Corentin n'a pas perdu de temps. Il s'est enfermé dans sa chambre. Il en est ressorti moins de cinq minutes plus tard. Son sac à dos, qui lui sert de cartable[2], sur l'épaule[3], il s'est rendu dans le hall d'entrée. Il a mis ses chaussures et
10 enfilé[4] une veste chaude.

– J'y vais, maman ! a-t-il crié.

Il n'a pas attendu que sa mère, une serviette enroulée autour du corps et coincée sous les bras[5], le cou constellé d'une myriade de gouttelettes d'eau[6], vienne l'embrasser et
15 lui souhaiter une bonne journée.

Corentin a filé[7] comme un voleur.

Certains l'ont vu. Il en est sûr. Les murmures[8], les coups de coude[9], les regards appuyés[10] sont autant de preuves[11] s'il en fallait.

---

1   le lave-vaisselle: Spülmaschine
2   le cartable: Schultasche
3   l'épaule *f.*: Schulter
4   enfiler qc: mettre qc (*ici* un habit/vêtement)
5   la serviette enroulée … sous les bras *m. pl.*: mit einem unter den Armen eingeklemmten Handtuch umschlungen
6   le cou constellé d'une myriade de goutellettes *f. pl.* d'eau *f.*: der mit unzähligen Wassertröpfchen übersäte Hals
7   filer: *fam.* abhauen
8   le murmure: Murmeln
9   le coup de coude *m.*: Ellbogenstoß
10   appuyer: poser
11   la preuve: Beweis

Corentin s'oblige[1] à regarder droit devant lui un point imaginaire à hauteur du tableau noir. Il se colle[2] le plus possible contre la table, le bas du corps dissimulé[3] en dessous. Son voisin n'a rien remarqué – pas encore. Il vient à peine de se redresser[4] et prépare ses affaires.   5

Quelqu'un derrière lui l'apostrophe[5]. Il ne bronche[6] pas.

– Eh ! Corentin ! répète-t-on dans son dos.

Il ne répond pas. Il se contente de[7] faire la sourde oreille[8].

Les murmures enflent[9] et deviennent brouhaha[10]. On se passe le mot. Corentin ignore cette montée en puissance du   10 chahut[11], comme s'il ne le concernait pas. Pas maintenant. Il n'est pas prêt. Il a besoin d'encore un peu de temps pour endosser[12] son rôle.

Lui qui n'a jamais désobéi, jamais transgressé[13], jamais milité[14] pour rien ni personne se sent soudain[15] écrasé sous le   15 poids[16] de la différence. Et il n'est plus très sûr de le vouloir.

– Un peu de silence, ici ! Vous vous croyez où ?

---

1 s'obliger à faire qc: sich zwingen, etw. zu tun
2 se coller contre qn/qc: sich an jdn/etw. anschmiegen
3 dissimuler: cacher
4 se redresser: sich aufrichten
5 apostropher qn: *fig.* jdn anfahren, jdn unfreundlich ansprechen
6 broncher: *fam. ici* réagir
7 se contenter de faire qc: sich begnügen, etw. zu tun
8 faire la sourde oreille *f.*: sich taub stellen
9 enfler: se multiplier
10 le brouhaha: Stimmengewirr
11 la montée en puissance *f.* du chahut *m.*: Geräuschzunahme
12 endosser: übernehmen
13 transgresser: übertreten
14 militer: kämpfen
15 soudain *adv.*: tout à coup *adv.*
16 être écrasé/e sous le poids: unter dem Gewicht zerdrückt sein

Le professeur de français vient de lui sauver la mise[1] en entrant dans la salle. Il pose son cartable en cuir[2] sur sa chaise, l'ouvre et en sort une liasse[3] de copies doubles[4].

– Je vais vous rendre vos devoirs sur table[5]... et, comme
5 de bien entendu, vous vous êtes surpassés[6]...

Corentin se doute[7] que sa note sera la meilleure de la classe. Il espère simplement que ce matin le professeur ne le félicitera[8] pas et ne le montrera pas en exemple comme ça lui arrive trop souvent.

10 Il n'est jamais bon d'être une grosse tête[9] – aujourd'hui encore moins.

Pourquoi a-t-il réagi ainsi ? Corentin ne saurait le dire.

Quand il a appris ce qui était arrivé à un élève de première L, Corentin ne s'est d'abord pas senti concerné.
15 Les événements avaient eu lieu un soir, à la fin des cours, devant le lycée.

Des élèves ont pris l'habitude de traîner[10], de fumer et de refaire le monde devant les grilles. Pas lui.

Dès sa journée terminée, Corentin rentre chez lui. Il n'a
20 rien à faire avec ceux-là. D'abord parce qu'il n'a pas encore quatorze ans. Eux ont plus de seize, dix-sept et même dix-huit ans. Et puis Corentin ne se lie[11] pas facilement – par timidité[12] surtout.

1   sauver la mise à qn: *fig.* jdm aus der Patsche helfen
2   le cuir: Leder
3   la liasse: Bündel
4   la copie double: *hier* Klassenarbeit
5   le devoir sur table *f.*: Klassenarbeit, Klausur
6   se surpasser: sich übertreffen
7   se douter: ahnen
8   féliciter: faire des compliments *m. pl.*
9   la grosse tête: *fig. fam.* qn de très intelligent
10   traîner: *fam. hier* abhängen
11   se lier: sich binden
12   la timidité: Schüchternheit

L'élève de première L[1] se prénomme Adrien. Corentin le connaît de vue. Il ne lui a jamais adressé la parole.

Quand les informations ont commencé de circuler, ce n'était qu'un garçon qui venait de se faire tabasser[2] devant le lycée. On disait qu'il avait été conduit aux urgences[3]. On insinuait[4] autre chose aussi, mais Corentin n'a pas prêté l'oreille aux racontars[5]. 5

Le lendemain, il y a une semaine maintenant, les conditions de l'agression ont été connues. Elles confirmaient certains ragots[6]. Adrien avait été frappé et insulté[7]. Les agresseurs avaient craché[8] sur lui. On l'avait traité de « gonzesse[9] », de « fofolle[10] », de « tante ». 10

Les auteurs, quatre terminales[11], ont été interpellés[12]. Des témoins[13] ont donné leur version des faits. La police enquêtait[14], on en saurait davantage[15] au fil des jours. 15

L'après-midi, en classe d'histoire-géo, le professeur a dit :

– À la demande du proviseur[16], nous allons discuter des faits graves qui se sont déroulés[17] devant l'établissement.

1 la première L (L = littéraire *adj.*): vorletzte Schulklasse im französischen Schulsystem mit literarischem Schwerpunkt
2 se faire tabasser: *fam.* verprügelt werden
3 conduire aux urgences *f. pl.*: in die Notaufnahme fahren
4 insinuer: andeuten, unterstellen
5 prêter l'oreille *f.* aux racontars *m. pl.*: *fam.* auf das Geschwätz hören
6 le ragot: *fam.* le Klatsch
7 insulter: beleidigen, beschimpfen
8 cracher sur qn: jdn anspucken
9 la gonzesse: *fam.* Tussi
10 foufou/fofolle *adj.*: un peu fou/folle *adj.*, bête *m./f. adj.*
11 le/la terminal/e: élève *m./f.* de la dernière classe *f.* au lycée *m.*
12 interpeller qn: *hier* jdn verhören
13 le témoin *m./f.*: Zeuge/Zeugin
14 enquêter: faire une recherche *f.*
15 davantage *adv.*: plus
16 le/la proviseur/e: le/la chef d'un lycée
17 se dérouler: se passer

Vous savez tous, je suppose, de quoi il s'agit, ainsi que[1] les raisons pour lesquelles un de vos camarades de première se trouve à l'hôpital en ce moment…

Le professeur de français distribue les copies. Il passe dans
5 les rangs. Ce matin ceux qui ont de mauvaises notes semblent s'en contreficher[2]. On prend son devoir corrigé et on se tourne immédiatement[3] vers Corentin.

Son voisin, il s'appelle Malatare, ne comprend pas pourquoi tous les autres regardent vers eux avec autant d'insistance[4].

10 – Qu'est-ce qu'ils ont, hein ? demande-t-il à voix basse[5].

Corentin ne répond pas. Ses mâchoires sont crispées[6]. Des gouttes de transpiration[7] dévalent sur ses tempes[8].

– Malatare… voici votre devoir. Je vous laisse prendre connaissance de votre note. Elle ne vous étonnera pas…

15 Le professeur est dans l'allée, à côté de leur table. Malatare prend la feuille et grimace en voyant la note à l'encre[9] rouge soulignée de trois traits rageurs[10].

– Quant à[11] vous, une fois encore vous ne me décevez[12] pas, félicitations.

---

1 ainsi que *conj.*: et *conj.*
2 se contreficher (de qc): *fam.* drauf pfeifen
3 immédiatement *adv.*: tout de suite *adv.*
4 autant d'insistance *f.*: umso eindringlicher
5 à voix *f.* basse: mit leiser Stimme
6 les mâchoires *f. pl.* crispées: mit verkrampften Kiefermuskeln
7 la goutte de transpiration *f.*: Schweißtropfen
8 dévaler sur les tempes *f. pl.*: auf den Schläfen hinabrinnen
9 l'encre *f.*: Tinte
10 le trait rageur: wütender Strichzug
11 quant à qn/qc *prép.*: hinsichtlich, was etw./jdn anbelangt
12 décevoir: enttäuschen

Le professeur tend la copie à Corentin par-dessus[1] la tête de son voisin. Pour la prendre, il faut qu'il se soulève[2] un peu de sa chaise, mais il ne bouge pas.

– Eh bien, vous attendez quoi ? demande le professeur.

C'est cette discussion animée par le prof d'histoire-géo qui 5
a tout changé.

Elle a débuté[3] sérieusement. Chacun convenant[4] que les raisons qui avaient conduit au tabassage d'Adrien étaient infâmes[5]. Beaucoup se récriaient[6]. Il fallait vraiment être débile pour agir ainsi. 10

– Et puis, ce ne sont peut-être que des ragots… a dit un élève.

Dès lors[7], la conversation a pris une tournure[8] différente.

– On ne sait pas, mais… a continué un autre, évasif[9].

– Y a pas de fumée sans feu, a ajouté un troisième. 15

De petits rires aigus[10] ont fusé[11] çà ou là. Corentin s'attendait à ce que le professeur intervienne, mais il n'en a rien fait.

Deux filles ont ricané[12] bêtement. Il n'en fallait pas davantage. Les sous-entendus[13] ont fusé. Les rires sont 20
devenus gras.

---

1   par-dessus *prép.*: über
2   se soulever: aufstehen
3   débuter: commencer
4   convenir: einräumen, mit etw. übereinstimmen
5   infâme *m./f. adj.*: horrible *m./f. adj.*
6   se récrier: laut aufschreien
7   dès lors *prép.*: von da an
8   la tournure: *hier* Gestalt
9   évasif/-ive *adj.*: vague *m./f. adj.*
10   aigu/aiguë *adj.*: hoch
11   fuser: circuler
12   ricaner: hämisch lachen oder grinsen
13   le sous-entendu: Anspielung, Andeutung

Le professeur, plutôt que d'y mettre un terme[1], a voulu relancer[2] le débat :

– Quand bien même… Ne croyez-vous pas qu'il faille accepter cette différence ? Nous sommes au XXIe siècle,
5 non ? Et puis, voyons, Adrien est un élève discret. Il ne cherche pas à provoquer. Rien dans son habillement ou dans ses manières ne laissent supposer[3]…

L'intention était bonne. Le résultat a été catastrophique.

La discussion a changé de registre. Des garçons ont
10 raconté des blagues salaces[4]. Les filles n'ont pas été les dernières à en rajouter. Jusqu'au professeur qui a eu un petit sourire en coin[5].

Opfer

Adrien était le sujet de la farce. De victime[6], il est passé en quelques minutes à coupable.

15 – Ouais, on peut dire qu'il l'a malgré tout[7] cherché, a commenté un élève.

– Qui pense comme lui ? a demandé le professeur, qui visiblement ne comprenait pas qu'en relançant le débat sur ce plan, il ne faisait que l'envenimer[8].

20 Corentin s'est soudain trouvé mal à l'aise[9]. Un sentiment d'embarras[10] l'a submergé[11], se transformant rapidement en honte[12].

1 mettre un terme à qc: terminer qc
2 relancer: *ici* recommencer
3 supposer: vermuten
4 salace *m./f. adj.*: anzüglich, unanständig
5 en coin *m.*: *hier* im Mundwinkel
6 le/la victime: Opfer
7 malgré *prép.* tout: trotz allem
8 envenimer: verschlimmern
9 mal à l'aise *f.*: *expr.* unwohl
10 l'embarras *m.*: Umbehagen
11 submerger: *fig.* überwältigen
12 la honte: Scham, Beschämung

Le fait même d'être dans cette classe avec ces élèves lui donnait la nausée[1]. Les minutes qui passaient lui sont vite devenues insupportables.

Le professeur a tenté de rétablir l'ordre.

– Assez plaisanté[2], s'il vous plaît ! Le sujet est sérieux. 5 Pensez un peu à votre camarade…

Le calme est revenu, mais pas longtemps. Un garçon a proféré une grossièreté[3].

– Arrêtez ! a hurlé Corentin, en se levant d'un bond[4] de sa chaise. 10

Il y a eu un silence soudain. Les regards se sont braqués sur[5] lui. L'air était irrespirable[6].

– Chochotte[7]… a grommelé[8] un redoublant[9], un grand costaud[10] au visage grenelé d'acné[11].

– Vous pouvez m'expliquer ? 15

Le professeur de français a obligé Corentin à se lever. L'éclat de rire a été général.

Maintenant on entendrait une mouche[12] voler. Corentin se sent seul au monde. À peine s'il a saisi[13] la question du professeur. 20

– Alors ? s'impatiente[14] celui-ci.

---

1 la nausée: Ekel, Übelkeit
2 plaisanter: rigoler
3 proférer une grossièreté: eine Flegelei ausstoßen
4 d'un bond: mit einem Satz
5 braquer sur qn/qc: auf jdn/etw. richten
6 irrespirable *m./f. adj.*: unerträglich
7 la chochotte: *fam. hier* Tunte
8 grommeler: murmeln
9 le/la redoublant/e: Wiederholer/in
10 le costaud: *fam.* kräftiger Typ
11 le visage grenelé d'acné *m.*: das mit Akne gezeichnete Gesicht
12 la mouche: Fliege
13 saisir: *ici* comprendre
14 s'impatienter: ungeduldig werden

Corentin se racle la gorge[1]. Il voudrait parler mais une boule d'angoisse[2] l'en empêche.

– Vous jouez à quel jeu ? Je ne m'attendais pas à ça de vous…

5 – Monsieur… articule Corentin, sa voix ~~est faible~~. Je… C'est à cause de l'élève qui s'est fait agresser la semaine dernière… je… je veux protester contre… finit-il par ~~balbutier~~[3] *(st ammeln)* sans pouvoir achever[4] sa phrase.

– À cause de lui ! s'exclame le professeur. Qu'est-ce que
10 vous me chantez[5] là ?

L'imbécile de service[6] imite la poule[7]. Des rires fusent.

– Silence ! hurle[8] le prof. Le premier qui recommence aura droit à trois heures de colle[9], compris ?

Plus personne ne ~~moufte~~[10].

15 Malatare, le voisin de Corentin, s'est reculé comme s'il avait affaire à un pestiféré[11]. Il se tient en ~~équilibre~~[12] sur sa chaise, les trois quarts des fesses[13] dans le vide.

– Je ne crois pas que nous puissions trouver ici une explication à votre… à votre comportement, dit le
20 professeur. Puis s'adressant à un élève : Bouvier, vous avez la responsabilité de la classe pendant que je conduis votre camarade chez le proviseur. Vous, suivez-moi[14] !

---

1 se racler la gorge: sich räuspern
2 la boule d'angoisse *f.*: Kloß im Hals
3 balbutier: stammeln
4 achever: terminer
5 chanter: *ici* raconter
6 l'imbécile *m./f.* de service: *expr. fam.* Idiot vom Dienst
7 la poule: Henne
8 hurler: crier
9 l'heure *f.* de colle *f.*: Nachsitzen
10 moufter: *fam.* protester
11 le/la pestiféré/e: Pestkranke/r
12 l'équilibre *m.*: Gleichgewicht
13 la fesse: Pobacke
14 suivre: folgen

Corentin fait un pas de côté, se penche[1] et range ses affaires dans son sac à dos. ~~Des sifflets~~[2] retentissent[3].

– Silence ! crie le professeur. Allez, dépêchez-vous un peu, je crois que ça suffira pour aujourd'hui votre petit cinéma. 5

Quand il sort enfin de la salle 112 et se retrouve dans le couloir, Corentin respire.

– Vraiment votre attitude me surprend. Vous allez devoir vous expliquer avec le proviseur…

Le professeur s'est retourné. Il toise[4] Corentin en 10 secouant la tête[5].

Adrien a occupé l'esprit de Corentin trois jours durant.

Ce n'est pas tant la barbarie des agresseurs que[6] ses camarades, leur cynisme et leurs rires épais, qui l'ont écœuré[7]. Il s'est senti lui-même sale puisqu'il était des 15 leurs, comme eux, de la même eau[8].

Le soir même, à l'occasion du dîner, il a abordé le sujet avec ses parents. Il a exposé les faits et les débats de l'après-midi.

Ses parents ont montré de la compassion pour la victime. 20 Ils ont dit que les quatre élèves de terminale méritaient d'être punis[9]. Il n'y avait que des brutes pour commettre de tels actes. Puis le repas a continué comme si de rien n'était.

---

1 se pencher: sich bücken
2 le sifflet: Pfiff
3 retentir: ertönen
4 toiser: mustern
5 secouer la tête: Kopf schütteln
6 ne pas tant … que: nicht so sehr … wie
7 écœurer: anwidern
8 de la même eau f.: fig. aus demselben Holz
9 mériter d'être puni/e: Strafe verdienen

Après le dessert, alors qu'il repliait[1] sa serviette, le père de Corentin a dit :

– Tu sais, cet élève de première L, la victime, tout de même, il aurait pu faire attention…

5 – Mais il ne savait pas qu'il allait être agressé à la sortie du lycée, papa.

– Non, non, ce n'est pas de ça dont je parle. Je veux dire qu'il aurait pu être plus discret, tu ne crois pas ?

Soudain, les bruits de la vaisselle que sa mère 10 débarrassait[2] ont semblé à Corentin plus explosifs que des décharges de fusils[3].

– Discret ? a-t-il fini par dire. Discret pour quoi ?

– Allons, Corentin, ne fais pas l'idiot, tu sais très bien de quoi je parle…

15 – Ton père n'a pas tort mon chéri… a renchéri[4] sa mère.

Dans sa chambre où il s'était refugié, Corentin a beaucoup réfléchi. Au lycée, aux professeurs, à ses parents et à la société en général.

La rage le faisait crisser[5] des dents. Il en voulait au[6] 20 monde entier. Il en avait mal au ventre. Il s'est calmé en bourrant son oreiller de coups de poing[7].

Avant de s'endormir, sa décision était prise.

Corentin se tient debout devant le bureau du proviseur.

---

1 replier: falten
2 débarasser: abräumen, wegräumen
3 la décharge de fusil *m.*: Gewehrsalve
4 renchérir: bekräftigen
5 crisser: knirschen
6 en vouloir à qn: jdm etw. nachtragen
7 bourrer l'oreiller *m.* de coups de poing *m. pl.*: das Kopfkissen boxen

Son entrée dans le secrétariat a fait sensation. Les deux femmes qui se trouvaient là n'ont pas pu résister. Elles ont tant bien que mal[1] étouffé[2] leurs rires.

– Peux-tu me dire ce que c'est que cet accoutrement[3] ? demande le proviseur. 5

Le tutoiement[4] dérange Corentin. Il le rabaisse[5].

Corentin tremble. Ses mains sont moites[6]. Pour se donner une contenance[7], il tente un faible sourire.

– Ça t'amuse ? demande le proviseur.

– Non, monsieur. 10

– Alors peux-tu me dire pourquoi tu es venu au lycée ce matin habillé en…

Le proviseur hésite, comme si les mots étaient des fils barbelés[8] et lui écorchaient[9] la gorge.

– … en jupe ? finit-il par dire. 15

C'est une vieille jupe de sa mère. Elle lui arrive au milieu des mollets[10]. Dessous, il porte un collant[11] noir épais. Celui qu'elle mettait quand elle voulait maigrir et faisait sa gymnastique à la maison.

La jupe est un peu trop serrée[12] et le coupe à la taille. Une 20 maille[13] du collant a filé sur la cuisse[14] droite.

– Alors ? s'impatiente le proviseur.

---

1 tant bien que mal: *expr.* eher schlecht als recht
2 étouffer: ersticken, *hier* unterdrücken
3 l'accoutrement *m.*: Aufmachung
4 le tutoiement: Duzen
5 rabaisser: herabsetzen
6 moite *m./f. adj.*: feucht
7 se donner une contenance: sich gelassen geben
8 le fil barbelé: Stacheldraht
9 écorcher: aufscheuern
10 le mollet: Wade
11 le collant: Strumphose
12 serré/e *adj.*: eng, knapp
13 la maille: Laufmasche
14 la cuisse: Schenkel, Oberschenkel

– Je voulais savoir… Je voulais comprendre… les réactions… pourquoi quand on est un garçon et… qu'on vous
prend pour une fille…

– Quoi ?

5   Le proviseur a failli s'étrangler[1]. Il s'est levé de son
fauteuil.

– Qu'est-ce que tu dis ?

Corentin prend une longue inspiration.

– Vous allez me frapper vous aussi parce que vous me
10 croyez différent ? demande-t-il d'un trait[2].

Le proviseur vire au violacé[3]. Il manque de s'étouffer
quand il crie :

– J'appelle immédiatement vos parents !

Corentin, blême[4], lui fait face[5].

15 – Qu'ils viennent… murmure-t-il, comme un ultime acte
de défi[6]. — Herausforderung

Quand il a enfilé[7] les vêtements de sa mère, ce lundi matin,
après avoir retiré ses « habits de garçon », Corentin a eu
une hésitation. À quoi allait bien servir sa provocation ?
20 Qu'allaient-ils comprendre, tous, ses parents y compris ? Ne
caricaturait-il pas justement ce qu'il voulait défendre ?

Le doute s'est installé en lui durant une fraction de
seconde.

– Je ne peux pas faire autrement… a-t-il murmuré.

---

1   faillir s'étrangler: drohen, keine Luft mehr zu bekommen
2   d'un trait: *ici* tout de suite *adv.*
3   virer au violacé *adj.*: sich violett färben
4   blême *m./f. adj.*: blass
5   faire face à qn: jdm standhalten
6   le défi: Herausforderung
7   enfiler: mettre, s'habiller

Il allait se prouver à lui-même qu'il était… mais quoi au juste ? Il le saurait en revêtant[1] cette jupe et ce collant, il en était certain.

La société dans laquelle il vivait ne pouvait pas être celle qui venait de se révéler à[2] lui – brutale, insensible et 5 inhumaine. Il ne le supporterait pas.

Avant de sortir de sa chambre, Corentin s'est regardé dans la glace de son armoire.

L'image qu'il y a vue était celle d'un garçon de treize ans qui voulait devenir un homme. 10

---

1 revêtir: mettre, s'habiller
2 se révéler à qn: sich jdm enthüllen, sich erweisen

Sujets d'étude

A *Pendant la lecture*

1. a) Relevez les étapes du lundi matin et résumez-les sous forme de tableau (Quand? – Que fait Corentin? – Que font les autres? Quelles sont leurs réactions? Où?).
   b) À deux, comparez vos notes.
   c) À deux, résumez oralement le déroulement de ce lundi.
2. En pesant le pour et le contre, répondez à la question de Corentin « Ne caricaturait-il pas justement ce qu'il voulait défendre? » (p. 83, l. 20–21).
3. Expliquez la toute dernière phrase en étudiant la fin de la nouvelle (p. 84, l. 9–10).

B *Après la lecture*

1. Le professeur demande à Corentin de lui écrire pourquoi il a crié en classe « Arrêtez ! » (p. 78, l. 9). Rédigez son texte.
2. Travaillez à trois. « J'appelle immédiatement … comme … acte de défi. » (p. 83, l. 13–16) Les parents, après être rentrés avec Corentin à la maison discutent avec leurs fils de ce qu'il a fait.
3. Mettez-vous à la place des trois protagonistes et jouez leur discussion. Servez-vous aussi des arguments de l'exercice A2.

Commando

– Hé ! Oh !

Drôle d'impression… Se réveiller coincé[1] ici…

– Hé ! Oh ! Quelqu'un !

Qu'est-ce que j'ai fait ?

– Y a quelqu'un ?   5

Noir complet.

– Quelqu'un !

Fatigué, épuisé[2].

Le bruit d'une porte.

On entre.   10

– Ici ! Venez, vite !

– C'est quoi ?

– Allume[3], on va bien voir.

Ah ! Cette lumière aveuglante[4] !

– Ici ! Ici !   15

– C'est lui…

– Alors mon vieux, un problème ?

Des formes mouvantes. Gigantesques.

– Pourquoi suis-je en prison ?

– T'agite pas[5]. On va régler ça.   20

– La dernière fois, un lascar[6] comme toi a réussi à s'échapper[7]… Alors on t'a à l'œil[8].

---

1 coincé/e *adj.*: eingeklemmt
2 épuisé/e *adj.*: très fatigué/e *adj.*
3 allumer: Licht anschalten
4 aveuglant/e *adj.*: blendend
5 s'agiter: sich bewegen, sich rühren
6 le lascar: *fam.* un type intelligent
7 s'échapper: entwischen
8 avoir qn à l'œil *m.*: *expr.* jdn im Auge haben

– Prépare une seringue[1]. On va le calmer, ce zigoto[2].

– T'excite pas fiston[3]. Tiens-le bien.

Hé ! Il me fait mal.

– Arrêtez !

5   – Cesse donc de hurler[4], veux-tu ! C'est un douillet[5] ma parole !

– Passe la seringue… Voilà, c'est bientôt terminé.

Aïe ! Il m'a piqué[6] !

– Je crois qu'il a son compte[7].

10   – Oui, c'est bon.

Paupières[8] lourdes…

– Incroyable ! Sédatez[9]-le, il ne faudrait pas qu'il se réveille en cours d'opération. Allez, dépêchez-vous mademoiselle, je n'ai pas que ça à faire !

15   Une lumière. Violente.

Un rêve ? Je tombais. Indéfiniment. Oui ! Un accident !

– Il bouge la tête. Mademoiselle, dépêchez-vous !

– Voilà, voilà, monsieur…

Ouvrir les yeux. Un homme. Penché sur[10] moi. Lui parler.

20   Demander… Impossible d'ouvrir la bouche. Lèvres collées[11].

– Les électrodes sont prêtes ?

– Oui, monsieur.

---

1   la seringue: Spritze
2   le zigoto: *fam.* le type bizarre
3   le fiston: *fam.* le jeune garçon
4   hurler: crier
5   le douillet: Weichling
6   piquer: stechen
7   avoir son compte *m.*: *expr.* das haben, was er braucht
8   la paupière: Augenlid
9   sédater: *fam.* (angl. =.to sedate) Beruhigungs- oder Schlafmittel verabreichen
10 (se) pencher sur qc/qn: sich über etw./jdn beugen
11 collé/e *adj.*: verklebt

– On commence dès qu'[1]il sera anesthésié[2] pour de bon. Pas question d'ouvrir le crâne[3] tant qu'[4]il ne l'est pas.

– Oui, monsieur.

– Alors pressez-vous[5], bon sang ![6]

Le crâne ? Qu'est-ce que j'ai ? Sauvez-moi !   5

– Il s'agite ! C'est pas vrai ! Maintenez[7]-le ! Et vous, injectez[8] !

Non ! Non ! Je ne bouge plus. Sauvez-moi !

– Il s'est assagi[9]. C'est pas trop tôt… Vous pouvez piquer sans risque, mademoi…   10

Ce boucan[10] ?

Une porte défoncée[11].

Des cris. Une cavalcade[12].

– Du calme ! Du calme ! Nous ne vous ferons aucun mal !

– Mais qu'est-ce que… Qui êtes-vous ?   15

– Tout le monde contre le mur et les mains bien visibles !

Charivari du diable[13]. Fracas assourdissant[14] d'objets qui tombent. Bruits métalliques. Verre brisé[15].

– Où sont les autres ? Répondez !

– C'est le dernier.   20

1 dès que *conj.*: sobald
2 anesthésier qn: jdn betäuben
3 le crâne: Schädel
4 tant que *conj.*: solange … bis
5 se presser: faire vite *adv.*
6 bon sang! *m.*: *expr.* um Himmels willen!
7 maintenir: festhalten
8 injecter: einspritzen, injizieren
9 s'assagir: sich beruhigen
10 le boucan: *fam.* Krach, Lärm
11 défoncé/e *adj.*: eingetreten
12 la cavalcade: *fam. hier* Rennerei
13 le charivari du diable: Höllenlärm
14 le fracas assourdissant: ohrenbetäubender Lärm
15 le verre brisé: zersplittertes Glas

– Vous ! Menez-nous aux autres !

– Vous n'avez pas le droit ! Qui vous permet…

La voix… L'homme… Le chirurgien qui… Expliquer à ces gens…

5 – Laissez-le ! Il va m'opérer. Me sauver !

– Aidez-moi à le maintenir, il s'agite. Le pauvre, il a l'air totalement affolé[1]. Luc ! Luc ! On va le sortir de là et le mettre dans la voiture.

Non ! Ne me touchez pas ! Non !

10 – Il est à moitié dans les vapes[2] ! Éric, tu nous aides ! Hé ! Vous là-bas ! Vous l'avez anesthésié ?

– Je…

– Répondez !

– J'allais le faire mais…

15 – D'accord, alors injectez le quart de la dose, qu'il se tienne tranquille un moment. Allez, grouillez-vous[3] !

Exténué[4]. De l'aide…

– Aidez-moi !

– Arrête de te plaindre[5], petit. Tout va bien. On est là
20 pour te protéger.

– C'est fait…

– Retournez contre le mur avec vos collègues, mademoiselle, et n'en bougez plus.

– Vous risquez la prison. Arrêtez ! Vous êtes des
25 terroristes !

La voix du chirurgien. Je la reconnais. Suppliante[6].

---

1 affolé/e *adj.*: désorienté/e *adj.*

2 être dans les vapes *f. pl.*: *fam.* benommen sein, ohnmächtig sein

3 se grouiller: *fam.* faire vite

4 exténué/e *adj.*: abgehetzt

5 se plaindre: protester

6 suppliant/e *adj.*: flehend

Une piqûre, encore. Chaleur dans l'estomac[1]. La poitrine.[2] Le cou[3]. La…

– Tiens, on va l'installer là-dedans.

– Parfait. Tu as de la chance, mon gars[4]. On est intervenus avant qu'il ne te charcute[5]. Luc, tu t'en charges[6].

Soulevé[7]. Porté. Posé Noir. Je… Je…

– C'est bon. On peut l'emmener. L'anesthésique[8] fait effet[9].

– D'accord. J'y vais et je reviens.

– Vous ! Conduisez-nous…

– Vous le paierez !

– C'est ça… En attendant, ne faites pas le mariol[10]. Éric, Jeanne, combien en tout ?

– D'après notre informateur, une dizaine, peut-être plus.

– Ok, on y va. Docteur, je vous en prie, passez devant…

– Ce que vous faites est inqualifiable[11] ! Nous travaillons ici à sauver des vies, nombreuses, et à rien d'autre !

– Parlez moins et montrez-nous le chemin. Bastien, tu gardes ces gens-là qu'ils ne nous jouent pas un mauvais tour.

– Vous serez poursuivis[12] pour ça !

– Ne vous inquiétez pas pour nous. Posez-vous plutôt la question de la morale, monsieur le docteur, et de l'éthique aussi…

1 l'estomac *m*.: Bauch, Magen
2 la poitrine: Brust
3 le cou: Hals
4 le gars: *fam.* l'homme *m*., le type
5 charcuter: *fam. hier* übel zurichten
6 se charger: s'occuper de
7 soulevé/e *adj*.: hochgehoben
8 l'anesthésique *m*.: Narkosemittel
9 faire effet *m*.: wirken
10 faire le/la mariole: *fam.* vx. faire des bêtises *f. pl.*
11 inqualifiable *m./f. adj.*: unerhört
12 être poursuivi/e: *hier* belangt werden

– Il a les yeux grands ouverts. Il nous regarde.

– Il est encore sous l'effet de l'anesthésique, je crois.

– Hello, mon gars ! Tout va bien maintenant. Toi et tes copains on va s'occuper de vous. Tu es en sécurité, personne 5 ne viendra te chercher ici.

– Éric ? Tu as conscience que tu es train de faire la conversation à un singe Rhésus[1]…

Sujets d'étude

A *Pendant la lecture*

1. a) Lisez le texte attentivement et faites des hypothèses sur l'action et la suite.
   b) Comparez vos idées.
2. Présentez en cinq phrases les données essentielles de la nouvelle.
3. « Vous serez poursuivis pour … et de l'éthique aussi … » (p. 90, l. 21–24). Décrivez les deux points de vue opposés.

B *Après la lecture*

1. Résumez quelques aspects importants de la situation juridique des expérimentations animales et de leur contrôle en Allemagne (www.aerzte-gegen-tierversuche.de/de/infos/allgemein/1518-tierschutzgesetz).
2. a) Faites une recherche sur une association qui s'engage contre les expérimentations animales.
   b) Présentez vos résultats en classe.

---

1 le singe Rhésus: Rhesusaffe; in Asien beheimatete Meerkatzenart, an der in der Medizingeschichte die Blutgruppenbestimmung (Rhesusfaktor) entdeckt wurde

Plus ou moins

J'ai emprunté[1] le vélo de ma mère. Un panier[2] est accroché[3] au guidon[4] à l'intérieur duquel j'ai stocké[5] les tracts[6]. Maman les a imprimés[7] à son travail. Elle est secrétaire de direction dans une grande entreprise[8]. Elle les a proprement[9] découpés au massicot[10] – environ cinq cents. Ma mission 5 consiste[11] à les glisser[12] dans les boîtes aux lettres dans un rayon[13] d'environ un kilomètre autour de chez nous. Il me faudra bien la matinée pour accomplir ma tâche[14].

Les vacances d'été ont débuté depuis quelques jours. Maman s'est informée des conditions météorologiques pour 10 le week-end à venir afin de[15] s'assurer[16] qu'il ne pleuvrait pas.

1   emprunter: *ici* prendre
2   le panier: Korb
3   accrocher: befestigen
4   le guidon: Fahrradlenker
5   stocker: *ici* mettre
6   le tract: Flugblatt
7   imprimer: drucken
8   l'entreprise *f.*: Unternehmen, Firma
9   proprement *adv.*: *hier* sorgfältig
10   découper au massicot *m.*: auf der Papierschneidemaschine zuschneiden
11   consister à faire qc: darin bestehen etw. zu tun
12   glisser qc dans: in etw. stecken
13   le rayon: *hier* Umkreis
14   accomplir la tâche: die Aufgabe erledigen
15   afin de … : um zu …
16   s'assurer: sich versichern

Ce qui m'effraie[1] le plus, ce sont les chiens. Ils doivent me prendre pour le facteur[2] ou je ne sais quel représentant. Ils m'aboient dessus[3] à m'en déchirer les tympans[4]. J'évite[5] certaines maisons pour cette raison. Je me dresse[6] sur les
5 pédales, accélère[7] et passe mon chemin.

Nous habitons un quartier pavillonnaire[8]. Heureusement, je n'ai pas à entrer dans des immeubles[9] et à distribuer[10] mes tracts dans des halls d'entrée javellisés[11]. Maman m'a d'ailleurs conseillé[12] de ne m'occuper que des pavillons et
10 de laisser tomber la petite résidence qui jouxte[13] la nationale[14].

– Pour ce que nous avons à annoncer et à faire, ce sera bien suffisant[15], a-t-elle assuré.

Il est presque quatorze heures quand j'ai fini. Il me reste
15 une poignée[16] de tracts. Je décide de les diviser en plusieurs petits paquets que je dépose[17] sur les cinq bancs du jardin public séparant[18] notre quartier du centre-ville. Ensuite je

1   effrayer: faire peur *f.*
2   prendre pour le facteur: für den Briefträger halten
3   aboyer dessus: anbellen
4   déchirer les tympans *m. pl.*: Trommelfell zum Platzen bringen
5   éviter: vermeiden
6   se dresser: aufrichten
7   accélérer: aller plus vite *adv.*
8   pavillonnaire *m./f. adj.*: mit vielen Pavillons
9   l'immeuble *m.*: Gebäude
10   distribuer: verteilen
11   javellisé/e: gechlort
12   conseiller: (be)raten
13   jouxter: angrenzen
14   la nationale: Bundesstraße
15   suffisant/e *adj.*: ausreichend, genügend
16   la poignée: Handvoll
17   déposer: deponieren, ablegen
18   séparer: trennen

rentre à la maison. J'ai les jambes en compote[1] et j'ai hâte de[2] prendre une douche.

Je m'appelle Lé. J'ai treize ans.

Tout a commencé quelques mois plus tôt, et je peux jurer[3] que je ne m'y attendais[4] pas.   5

Ma mère est française et mon père d'origine eurasienne. Maman m'a affirmé que c'était lui qui avait choisi mon premier prénom, Lé, et elle les deux suivants : Aline et Julie. Ils se sont séparés alors que j'étais encore gamine[5]. Papa est parti vivre au Canada où il a créé son entreprise.   10 Je suis allée le voir une fois quand j'avais dix ans. Mon souvenir le plus fort reste le voyage en avion.

Il m'envoie des cadeaux à chacun de mes anniversaires. Il les accompagne d'une gentille carte. C'est à peu près les seules relations que nous entretenons[6]. Je crois que ni moi   15 ni lui n'avons envie d'autre chose. Maman dit qu'il a fondé une autre famille là-bas et que nous sommes des produits dérivés[7] datant d'une autre époque.

Après la douche, je me prépare un sandwich aux crudités[8].

Je le mange dans le salon. Je m'assois[9] dans le canapé.   20 Je mâche[10] et rêve.

---

1   les jambes *f. pl.* en compote *f.*: *fig.* Beine wie Pudding
2   avoir hâte *f.* de: es eilig haben
3   jurer: schwören
4   s'y attendre: mit etwas rechnen
5   la gamine: *fam.* la jeune fille
6   entretenir: unterhalten
7   dérivé/e *adj.*: Neben …
8   les crudités *f. pl.*: Rohkost
9   s'assoir: sich setzen
10   mâcher: kauen

C'était il y a environ huit mois. Je me souviens être revenue du collège frigorifiée[1]. Il faisait un froid de canard[2]. Une bruine glaciale[3] pénétrait mes vêtements. J'ai jeté mon sac à dos dans l'entrée. J'ai retiré mon anorak et mes chaussures. J'ai allumé[4] toutes les lumières du salon avant d'aller dans la cuisine.

Au début je ne me suis aperçue[5] de rien. J'ai goûté[6], comme d'habitude. Il y avait un mot de maman sur la table. Elle disait qu'elle rentrerait un peu plus tard ce soir.

Soudain[7] j'ai senti que quelque chose clochait[8] dans la cuisine. Je n'ai pas su immédiatement[9] dire quoi.

J'ai terminé mon verre de jus de fruits et j'ai allongé[10] les jambes pour me mettre à l'aise[11]. J'ai fermé les yeux, fort – très fort.

Je les ai réouverts d'un coup. La lumière a dansé devant moi. Il m'a fallu au moins trente secondes pour accommoder[12].

Et je l'ai vu !

Ou plus exactement, je ne l'ai pas vu… Le vide qu'il laissait était imposant.

Parti. Envolé[13]. Volatilisé[14].

---

1 frigorifié/e: *fig.* eingefroren, durchgefroren
2 le froid de canard *m.*: *expr.* Eiseskälte
3 la bruine glaciale: eisiger Nieselregen
4 allumer: anschalten
5 s'apercevoir: voir, remarquer
6 goûter: die nachmittägliche Zwischenmahlzeit einnehmen
7 soudain *adv.*: tout à coup *adv.*
8 clocher: nicht stimmen
9 immédiatement *adv.*: sofort
10 allonger: ausstrecken
11 se mettre à l'aise *f.*: es sich bequem machen
12 accommoder: sich gewöhnen
13 envolé/e *adv.*: fortgeflogen
14 volatilisé/e *adv.*: *fig.* spurlos verschwunden

J'ai cligné des yeux[1] pour m'assurer que je n'avais pas la berlue[2]. Mais non, il avait bel et bien[3] disparu.

J'ai bêtement paniqué[4]. Je me suis levée d'un bond[5] et me suis emmêlé les pinceaux[6], manquant de me ratiboiser[7] par terre.

J'ai vérifié[8] que la porte de derrière était fermée à double tour – elle l'était. Je suis revenue dans la cuisine. Il n'y avait pas de traces d'effraction[9].

Entre mon départ ce matin-là pour le collège et mon retour vers dix-sept heures trente, le congélateur[10] avait pris la poudre d'escampette[11].

Je suis restée dans la cuisine à échafauder[12] tous les scénarios possibles et imaginables. En fin de compte[13], il ne restait plus que les extraterrestres[14] – pas très rassurante[15] comme conclusion.

J'en étais là de mes réflexions quand j'ai entendu la porte d'entrée s'ouvrir.

– Ah, chérie ! Tu es dans la cuisine, a dit maman, après qu'elle m'a rejointe[16]. Qu'est-ce que tu fais ici toute seule ?

1	cligner des yeux *m. pl.*: die Augen zusammenkneifen
2	avoir la berlue: *fig.* blind sein, sich täuschen
3	bel et bien: *expr.* vraiment *adv.*
4	paniquer: in Panik geraten
5	d'un bond: mit einem Satz
6	s'emmêler les pinceaux *m. pl.*: *fam. fig.* sich verheddern
7	manquant de se ratiboiser: *fam.* kurz davor zusammenzubrechen
8	vérifier: *ici* contrôler
9	la trace d'effraction *f.*: Hinweis auf einen Einbruch
10	le congélateur: Gefrierschrank
11	prendre la poudre d'escampette *f.*: *expr. fam.* sich aus dem Staub machen
12	échafauder: *fig. hier* durchspielen
13	en fin *f.* de compte *m.*: *fig.* enfin *adv.*
14	l'extraterrestre *m./f.*: Außerirdische/r
15	rassurant/e *adj.*: beruhigend
16	rejoindre qn: zu jdm kommen

J'ai avalé ma salive[1] et d'un geste de la main, un peu brusque je l'admets[2], je lui ai montré l'absence de congélateur. Elle a suivi du regard la direction que je lui indiquais[3].

5   – Que tu peux être nunuche[4], Lé. C'est ça qui t'inquiète[5] ?

J'ai hoché plusieurs fois la tête[6] comme un chien sur la plage arrière[7] d'une voiture. Avant que j'aie eu le temps de lui répondre de vive voix[8], elle est partie d'un grand rire chevalin[9].

10   J'étais sacrément vexée[10] et je lui en ai voulu[11] un bon moment.

J'époussette[12] les miettes[13] sur mon chemisier, puis sur les coussins du canapé[14] et, avec la pointe du pied[15], je les dissimule[16] dessous.

15   Je regarde l'heure à la pendule[17] du salon. Il commence à se faire tard, je file[18] dans ma chambre.

Sur mon bureau, il y a un cahier. Je l'ouvre à la page où je me m'étais arrêtée hier soir. Je relis ce que j'ai écrit. La

---

1   avaler sa salive: *fig.* schlucken
2   admettre: zugeben, zugestehen
3   indiquer: montrer
4   nunuche *m./f. adj.: fam.* albern
5   inquiéter: beunruhigen
6   hocher la tête: mit dem Kopf wackeln
7   la plage arrière: *hier* hintere Ablagefläche
8   de vive voix *f.*: mit lauter Stimme
9   chevalin/e *adj.*: wiehernd
10   vexé/e *adj.*: verärgert
11   en vouloir à qn: jdm böse sein
12   épousseter: abklopfen
13   la miette: Krümel
14   le canapé: Sofa
15   la pointe du pied *m.*: Zehe
16   dissimuler: cacher
17   la pendule: Wanduhr
18   filer: aller vite

liste est déjà longue. Je raye[1] quelques mots, en ajoute ou en souligne[2] d'autres. Depuis que j'ai commencé, je me suis aperçue que faire un choix[3] était extrêmement compliqué. Même si le chiffre de 100 paraît élevé[4], en pratique ce n'est pas grand-chose. 5

Je compte[5] – déjà quarante-huit et je n'en suis qu'aux vêtements. Comment vais-je faire ?

Après le congélateur, les objets ont disparu[6] les uns après les autres.

Il y a d'abord eu le four à micro-ondes[7]. 10

– Pourquoi veux-tu que nous gardions le micro-ondes puisque[8] nous n'avons plus de congélateur ? a demandé maman.

La question n'était pas idiote. Mais j'aurais pu trouver des milliers de réponses, comme par exemple : parce que je 15 l'aimais bien, parce qu'il n'était jamais en panne, parce qu'il était utile, efficace[9] et que j'y étais habituée[10], et surtout il me semblait que sans lui nous ne saurions jamais nous en sortir.

Ce que je finis par dire fut affligeant[11] : 20

– Ben... c'est le micro-ondes, maman !

---

1   rayer: durchstreichen
2   souligner: unterstreichen
3   faire un choix: choisir
4   élevé/e *adj.*: *ici* beaucoup
5   compter: zählen
6   disparaître: verschwinden
7   le four à micro ondes *f. pl.*: Mikrowellenherd
8   puisque *conj.*: da
9   efficace *m./f. adj.*: wirkungsvoll
10 être habitué/e: gewohnt sein
11 affligeant/e *adj.*: triste *m./f. adj.*

Finalement j'éprouvais[1] pour les objets un attachement[2] qui dépassait de beaucoup leur utilité pratique. Ils étaient à moi, ma propriété[3]. Les voir disparaître les uns après les autres, c'était comme si on m'arrachait[4] à chaque fois une dent[5].

Le soir où ma mère m'a trouvée dans la cuisine à surveiller l'absence du congélateur, elle s'est assise à côté de moi et a tenu[6] à m'expliquer :

– Je l'ai donné à des amis, a-t-elle dit. Je leur ai confié[7] le double des clés de la maison et ils sont venus le prendre dans la journée.

– Donné ? Mais pourquoi ?

– Tu sais, Lé, depuis un certain temps, je m'aperçois que je deviens une esclave[8]…

– Qu'est-ce que tu racontes ?

Les premiers effets du « départ » du congélateur se faisait sentir : ma mère piquait une crise[9].

Existe-t-il des études prouvant que sans congélateur les mères deviennent folles ?

– Quand je dis esclave, Lé, je veux dire *enchaînée*[10]…

– C'est pas mieux…

– Les objets, Lé. Je suis, nous sommes… les objets des objets.

---

1   éprouver: sentir
2   l'attachement *m.*: *fig.* Bindung
3   la propriété: Besitz
4   arracher: herausreißen
5   la dent: Zahn
6   tenir à: darauf bestehen, festhalten an
7   confier: anvertrauen
8   l'esclave *m./f.*: Sklave
9   piquer une crise: sich aufregen
10 enchaîner: anketten, festbinden

Y a-t-il un psychiatre dans le quartier ? Ce n'est vraiment pas agréable quand sa mère perd la boule[1].

– Tu ne dis rien, Lé ?

J'avais bien quelque chose sur le bout de la langue[2], mais je n'étais pas sûre qu'elle apprécierait[3] – au fou[4] ! 5

Maman prétendait[5] qu'on pouvait vivre mieux avec moins d'objets. Je n'étais pas vraiment de son avis, mais je la laissais parler – on ne contredit pas une démente[6] en crise.

Bref, elle avait décidé de se débarrasser[7] de nos objets 10 inutiles et, à l'entendre sur le nombre, je me faisais du souci.

Le même soir, elle m'a proposé de l'aider en participant à ce qu'elle appelait un « dégraissage[8] ».

– Tu trouves que le congélateur et le micro-ondes ne nous sont pas utiles ? Qu'ils nous… nous enchaînent à eux ? 15 ai-je demandé, incrédule[9], et espérant encore la faire revenir à la raison[10].

– Parfaitement, a été son unique réponse, suivie immédiatement d'un sourire à faire dresser les cheveux[11] sur la tête. 20

J'en avais la confirmation : ma mère était cinglée[12].

1	perdre la boule: *expr. fam.* devenir fou/folle *adj.*
2	le bout de la langue: Zungenspitze
3	apprécier: schätzen
4	au fou!: (zu Hilfe!) ein/e Verrückte/r!
5	prétendre: behaupten
6	dément/e *adj.*: fou/folle *adj.*; sans intelligence *f.*
7	se débarrasser de qc: sich etw. entledigen
8	le dégraissage: *fig.* Abspecken, Gesundschrumpfen
9	incrédule *m./f. adj.*: ungläubig
10	la raison: Vernunft
11	faire dresser les cheveux *m. pl.*: die Haare zu Berge stehen lassen
12	cinglé/e *adj.*: bête *m./f. adj.* fou/folle *adj.*

Est exclu[1] de ma liste tout ce qui touche au collège. Pour le reste, nous avons âprement[2] négocié[3].

Maman a été intraitable[4] malgré mes protestations, puis mes gémissements[5] et enfin les chaudes larmes que j'ai
5 versées[6] sur son épaule[7] en reniflant bruyamment[8].

– Pour moi aussi c'est difficile, m'a-t-elle confessé[9].

Oui, peut-être, mais moi je n'avais rien demandé à personne, ni voulu quoi que ce soit.[10]

Même mes jouets de petite fille doivent y passer. Voilà
10 trois jours, je les ai étalés[11] dans un coin de ma chambre.

De mon bureau je les vois : poupées, landau[12], coiffeuse, premiers jeux vidéo, etc.

Maman a dit qu'ils étaient comme des peaux[13] mortes qui nous attachent et nous empêchent[14] de nous construire.

15 Il y a quelques semaines encore, j'aurais bondi[15] et nous nous serions disputées comme des chiffonnières[16]. Aujourd'hui, je crois que j'ai passé un cap[17]. Le pincement[18] au cœur reste, mais je pense avoir accepté et peut-être commencer de comprendre maman.

---

1 exclu/e *adj.*: ausgeschlossen
2 âprement *adv.*: erbittert
3 négocier: verhandeln
4 intraitable *m./f. adj.*: sans compromis *m.*
5 les gémissements *m. pl.*: Klagen
6 verser des chaudes larmes *f. pl.*: *fig.* heiße Tränen vergießen
7 l'épaule *f.*: Schulter
8 renifler bruyamment *adv.*: laut hörbar schniefen
9 confesser: beichten
10 quoi que ce soit: was auch immer
11 étaler: auslegen
12 le landau: Puppenwagen
13 la peau: Haut
14 empêcher: hindern
15 bondir: aufspringen
16 la chiffonnière: Lumpensammlerin
17 passer un cap: *fig.* über eine Hürde gehen
18 le pincement: Stich

J'ajoute sur ma liste *Poupée Barbie*.

Elle est là-bas, à même[1] la moquette[2], étendue[3] de tout son long.

Qu'est-ce que j'ai pu y jouer ! À force de[4] la peigner[5], je lui ai arraché la moitié de ses cheveux blonds.

Je me relis. Je soupire[6].

Je raye *Poupée Barbie*.

Après le micro-ondes sont passés à la trappe[7] : le fer et la planche à repasser[8], puis le lave-vaisselle[9].

Maman n'a jamais aimé repasser. Je la soupçonne[10] d'avoir pris du plaisir à bazarder[11] planche et fer.

Le lave-vaisselle, elle l'a donné à des voisins qui n'en revenaient[12] pas. Le mari est venu le chercher et l'a transporté jusque chez eux à l'aide d'un diable[13]. Son épouse a téléphoné à la maison trois soirs de suite pour s'assurer que nous ne regrettions[14] pas. Elle se disait prête à le rapporter[15]. Maman a tenu bon[16].

1	à même *prép.*: sur
2	la moquette: Teppich
3	étendu/e *adj.*: ausgebreitet
4	à force *f.* de: aus Zwang
5	peigner: kämmen
6	soupirer: seufzen
7	passer à la trappe: *expr. fig.* in der Versenkung verschwinden
8	le fer et la planche à repasser: Bügeleisen und Bügelbrett
9	le lave-vaisselle: Spülmaschine
10	soupçonner: verdächtigen
11	bazarder: *fam.* verramschen
12	ne pas en revenir: *ici* être très content/e *adj.*
13	le diable: *hier* Sackkarre
14	regretter: bereuen
15	rapporter: zurückbringen
16	tenir bon: standhaft bleiben, nicht nachgeben

Quant[1] à moi, j'ai fait la tête[2]. Je me doutais[3] que j'allais être mise à contribution[4]. Je n'ai pas eu longtemps à attendre.

Pour pallier[5] l'absence du lave-vaisselle, ma mère a
5 institué[6] un « tour de lavage ». Les mercredi, samedi et dimanche je m'y colle[7].

J'ai toujours détesté mettre les mains dans la vaisselle sale. Ça me dégoûte[8]. Nous nous sommes d'abord disputées. Maman a fait preuve de[9] patience. Les premières semaines,
10 elle a pris mon tour. Ensuite elle m'a aidée. Nous lavions à quatre mains comme d'autres jouent du piano. Enfin, elle m'a laissée me débrouiller[10] seule.

– Comme une grande ! a-t-elle dit.

J'étais refaite sur toute la ligne.

15 Le grand bouleversement[11] est survenu un vendredi soir.

J'ai voulu brancher[12] la télévision en rentrant du collège. L'écran s'est empli[13] de neige. J'ai changé les chaînes les unes après les autres, toujours cette neige.

Ce n'était pas la télé qui avait disparu, mais l'image !

20 J'ai pensé à une panne. Ma mère appellerait le réparateur et il arrangerait ça et, attendant qu'elle revienne de son travail, j'ai pris un bouquin.

---

1   quant à *prép.*: was … anbelangt
2   faire la tête: *expr.* schmollen, beleidigt sein
3   se douter: ahnen
4   mettre qn à contribution *f.*: jdn einbeziehen, jdn in die Pflicht nehmen
5   pallier: ausgleichen
6   instituer: *ici* introduire
7   se coller: *hier* sich darum kümmern
8   dégoûter: détester
9   faire preuve *f.* de: zeigen
10 se débrouiller: *fam.* klarkommen
11 le bouleversement: Umbruch
12 brancher: mettre en marche *f.*
13 s'emplir: sich füllen

– Tu lis, ma chérie ?

Je ne l'avais pas entendue rentrer.

– Oui… Je… La télé est en panne ! Il n'y a plus d'image.
Il faut appeler le réparateur, maman. Il n'est pas trop tard,
les magasins sont encore ouverts, non ? 5

Son sourire et la lueur[1] qui a traversé ses yeux ne m'ont
rien dit qui vaille[2].

– Nous ne sommes plus branchées[3], Lé, a-t-elle dit d'une
voix calme et mesurée[4].

– Quoi ? 10

Maman m'a prise par le bras et m'a entraînée dehors à
sa suite[5].

Nous étions au printemps, les journées rallongeaient[6]. Il
faisait encore clair, du moins suffisamment[7] pour distinguer[8]
le toit de la maison. 15

– Regarde, a dit maman.

J'ai levé les yeux. Il n'y avait rien de particulier, si ce
n'est le ciel et les prémices du crépuscule[9].

– Je ne vois rien, maman.

– Justement, a-t-elle murmuré[10], comme si elle faisait une 20
confidence[11]. Il n'y a rien à voir.

– Et ? ai-je demandé.

– Et… l'antenne, ma chérie, et aussi la parabole[12]… Je les
ai fait retirer dans la journée.

---

1   la lueur: Schimmer
2   ne rien dire qui vaille: *expr.* ein ungutes Gefühl haben
3   être branché/e: angeschlossen sein
4   mesuré/e *adj.*:gemäßigt
5   entraîner … à sa suite *f.*: hinter sich herziehen
6   rallonger: länger werden
7   suffisamment *adv.*: genug
8   distinguer: *ici* bien voir
9   les prémices *f. pl.* du crépuscule *m.*: beginnende Abenddämmerung
10 murmurer: murmeln
11 la confidence: vertrauliche Mitteilung
12 la parabole: Parabolantenne

Mon ventre[1] s'est contracté[2]. Ce n'est plus une dent qu'on m'arrachait, mais le cœur. J'ai senti le reste de mes organes descendre dans mes talons[3]. J'étais clouée au sol[4] – saisie d'effroi[5].

5 – Maman ! ai-je fini par crier dans un souffle[6] qui ressemblait à un râle d'agonie[7].

– Viens, rentrons chérie, a-t-elle dit.

Nous avons discuté une bonne partie de la soirée et de la nuit.

10 Elle voulait me convaincre que la perfusion télévisuelle[8] ne nous était pas nécessaire.

Je lui rétorquais[9] que sans télé je ne pourrais pas vivre. Sans télé j'allais mourir d'ennui. Sans télé nous n'étions plus vraiment humains. Sans télé… c'était la fin du monde.

15 Elle souriait. Je grimaçais. Elle m'écoutait. Je l'interrompais[10]. Elle était sereine[11]. J'étais survoltée[12]. Bref, elle m'agaçait[13] prodigieusement[14].

– Passe[15] pour le reste, maman, ai-je plaidé[16]. Même si je ne suis pas toujours d'accord avec toi… Mais la télé ? Tu te

---

1 le ventre: Bauch

2 se contracter: sich verkrampfen

3 dans les talons *m. pl.: fig.* in den Kniekehlen, *hier* einen Schock haben

4 cloué/e *adj.* au sol: *expr.* festgenagelt, sich nicht mehr bewegen können

5 être saisi/e d'effroi *m.*: von Entsetzen ergriffen sein

6 le souffle: Hauch

7 le râle d'agonie *f.*: Todesröcheln

8 la perfusion télévisuelle: „TV-Infusion"

9 rétorquer: répondre

10 interrompre: unterbrechen

11 serein/e *adj.*: calme *m./f. adj.*

12 survolté/e *adj.*: excité/e *adj.*

13 agacer: énerver

14 prodigieusement *adv.*: extraordinaire *m./f. adj.*

15 passer: *ici* accepter

16 plaider: für etw. eintreten

rends compte ! Quelle famille civilisée n'a pas la télé ? De quoi vais-je parler avec les copines, hein ? Elles vont me prendre pour une demeurée[1] !

Maman a tenté de me réconforter[2] en prétextant[3] que nous conservions la télévision. Le « meuble » demeurerait[4] 5 à sa place. Nous pourrions visionner[5] des DVD quand nous le souhaiterions.

– Ainsi[6] nous ne sommes plus dépendantes mais actrices de nos soirées, a-t-elle dit.

Encore une de ces phrases qui embrouillent[7] tout et vous 10 coupent l'herbe sous les pieds[8].

Je bouillais[9] intérieurement[10], quand soudain j'ai cru tenir l'argument qui allait la faire changer d'avis.

– Oui, mais les DVD, ce sont des objets, n'est-ce pas, maman ? Donc, suis[11]-moi bien, tu vas devoir en acheter 15 parce que nous ne sommes plus reliées à la parabole et… et c'est complètement idiot !

J'étais fière de moi, certaine d'avoir trouvé la faille[12].

– Je ne pense pas, Lé… a soupiré ma mère, comme si elle avait affaire à une déficiente mentale[13]. 20

---

1 la demeurée: Zurückgebliebene
2 réconforter: calmen
3 prétexter: behaupten
4 demeurer: rester
5 visionner: regarder
6 ainsi *adv.*: so, derart
7 embrouiller: desorienter
8 couper l'herbe *f.* sous les pieds: *expr.*: den Wind aus den Segeln nehmen
9 bouillir: *fig.* (vor Wut) kochen
10 intérieurement *adv.*: innerlich
11 suivre: *fig.* (in Gedanken) folgen
12 la faille: Schwachstelle
13 la déficiente mentale: geistig Zurückgebliebene

J'ai jusqu'à samedi pour terminer ma liste. Maman fait la sienne de son côté. Ensuite nous les comparerons et préparerons ce qu'elle a appelé le « chantier[1] ».

Le but est de noter tous les objets – cent chacune – que
5 nous désirons garder.

J'ai l'entière liberté de choix[2]. Maman m'a quand même invitée à commencer par les habits. Culottes[3], soutiens-gorge[4], chaussettes, chaussures et le reste font vite monter mon score. Si je calcule maintenant après rajouts[5], j'arrive à
10 cinquante-huit. Les paires de chaussettes et chaussures comptent pour un – c'est déjà ça.

Il a fallu que j'élimine un tas de[6] vêtements, et ça n'a pas été simple. Je suis revenue plusieurs fois sur mes choix.

Il me reste encore demain et après-demain. D'ici là, la
15 liste va beaucoup évoluer.

J'ai compris que c'était vraiment sérieux quand j'ai trouvé maman un dimanche matin tôt à quatre pattes[7] dans le sa-lon. Elle remplissait des cartons avec des livres. Elle venait de passer une partie de la nuit à vider[8] sa bibliothèque. Ja-
20 mais je n'aurais pensé qu'elle s'en séparerait. Elle y tenait comme à la prunelle de ses yeux[9].

Ma mère est une grande lectrice. La bibliothèque est un meuble central dans notre salon.

---

1 le chantier: Baustelle
2 le choix: Wahl
3 la culotte: Unterhose
4 le soutien-gorge: Büstenhalter
5 le rajout: Ergänzung, Hinzufügung
6 le tas de: beaucoup de *adv.*
7 à quatre pattes *f. pl.*: auf allen vieren
8 vider ≠ remplir
9 tenir à la prunelle de ses yeux *m. pl.*: *expr.* wie seinen Augapfel hüten

En me voyant, maman s'est assise en tailleur[1] et s'est essuyé[2] le front avec son poignet[3].

– Comme tu le vois, ma chérie, je mets les livres dans des cartons. Mercredi nous irons les donner à la médiathèque. Je les ai prévenus[4] et ils sont d'accord.   5

– Mais maman… ai-je balbutié[5] sous le choc de cette révélation[6].

– À partir de maintenant, nous emprunterons[7] livres, CD et DVD à la médiathèque. Je nous ai pris deux cartes avec un abonnement complet.   10

Elle a fait un signe[8] et je les ai vues sur une étagère de la bibliothèque vide. Ces deux cartes, qui remplaçaient des centaines de livres, m'ont fait froid dans le dos[9].

– Comme ça le problème de la télé est aussi réglé, comme je te l'avais promis[10]. Pas de DVD à acheter…   15

Je n'ai pas répliqué[11]. J'ai traversé le salon en enjambant[12] les bouquins[13]. Je suis allée aux toilettes. Je me suis assise sur le rabattant[14] du siège et je me suis effondrée en larmes[15].

Je n'étais pas triste, simplement abasourdie[16]. En quelques semaines seulement, maman chamboulait[17] nos   20

---

1 en tailleur *m.*: Schneidersitz
2 s'essuyer: sich abwischen
3 le poignet: Handgelenk
4 prévenir: *ici* informer
5 balbutier: stammeln
6 la révélation: Enthüllung
7 emprunter: ausleihen
8 le signe: Zeichen
9 le dos: Rücken
10 promettre qc à qn: jdm etw. versprechen
11 répliquer: répondre
12 enjamber qc: einen großen Schritt über etw. machen
13 le bouquin: le livre
14 le rabattant: *hier* klappbarer Toilettendeckel
15 s'effondre en larmes *f. pl.*: in Tränen ausbrechen
16 abasourdi/e *adj.*: très surpris/e *adj.*
17 chambouler: auf den Kopf stellen

vies. Je trouvais que ça allait trop vite. Je me sentais dépassée[1]. J'avais l'impression de pénétrer[2] dans une cinquième dimension. Je ne connaissais personne qui vive la même chose que moi.

5 Ma mère a cogné[3] à la porte. Des petits coups brefs[4] qui m'ont fait sursauter[5].

– Chérie, ça va ?

Je n'ai pas répondu.

– Écoute, Lé, tu ne crois pas que les livres, les films, la
10 musique sont faits pour être lus, vus et écoutés. Nous n'avons pas des centaines d'yeux ni d'oreilles. Nous ne pouvons lire qu'un livre à la fois[6], non ? Tous ces bouquins dans la bibliothèque, inutiles, décoratifs, tu ne crois pas que c'est bien de les partager ? Qu'en penses-tu ?

15 Je n'en pensais strictement rien. La porte des toilettes me protégeait physiquement contre la folie de ma mère. Bientôt je n'aurais plus que cet endroit où me réfugier.

Elle n'allait quand même pas se séparer des toilettes !

– Laisse-moi ! ai-je crié.

20 – Comme tu voudras… Mais réfléchis-y.

Je l'ai entendue qui s'éloignait[7].

Je suis restée une demi-heure enfermée, la tête vide et le cœur serré[8]. Quand je suis sortie, je l'ai rejointe dans le salon. Elle finissait de ranger les livres dans les cartons.

25 – Ah ! Tu es là, a-t-elle dit. Tu as réfléchi ?

– Non. Mais je vais t'aider.

---

1 dépassé/e *adj.*: überfordert
2 pénétrer: entrer
3 cogner: klopfen
4 le coup bref: *hier* kurzes Klopfen
5 sursauter: aufspringen
6 à la fois: auf einmal
7 s'éloigner: sich entfernen
8 serré/e *adj.*:beklommen

Je me suis assise près d'elle. Elle m'a serrée[1] fort dans ses bras.

– Je comprends… Je comprends, Lé… Mais tu verras, nous allons être beaucoup plus heureuses après…

– Je ne sais pas, maman. Tu y vas quand même un peu 5 fort…

– Tu m'en veux[2] ?

J'ai réfléchi avant de lui répondre. D'un doigt, j'ai feuilleté[3] négligemment[4] un livre.

– Oui, je t'en veux. Mais j'espère que tu as raison, 10 maman.

– Raison ? Je ne cherche pas à avoir raison ou tort[5], s'est-elle justifiée.

Nous avons fini de ranger les livres et nous avons déposé les cartons dans le garage en attendant de les amener à la 15 médiathèque.

La porte de l'entrée s'ouvre puis se referme.

– C'est moi ! crie maman.

Je délaisse[6] mon cahier et vais la retrouver.

– Tu as passé une bonne journée ? me demande-t-elle. 20

– Pas mal.

– Et ta liste, ça avance ?

– C'est compliqué.

– Moi aussi.

Nous allons dans la cuisine. Maman nous sert des jus de 25 fruits.

---

1   serrer: *ici* embrasser
2   en vouloir à qn: jdm böse sein
3   feuilleter: blättern
4   négligemment *adv.*: gedankenlos
5   avoir tort *m.*: Unrecht haben
6   délaisser: *ici* quitter

Depuis que nous ne sommes plus « perfusées » à la télévision, nous avons pris l'habitude de prendre un jus le soir quand elle rentre.

– Et pour moi, il y a les ustensiles[1] de cuisine… dit-elle
5   rêveusement.

– Tu ne crois pas que nous devrions passer de cent à cent cinquante, je demande.

– Nous en avons déjà discuté, chérie. Si nous passons, comme tu dis, à cent cinquante, alors pourquoi pas deux
10   cents, trois cents et plus encore ?

La cuisine est devenue au fil des semaines un espace plus dégagé[2] – zen en quelque sorte. Un compromis entre le vide et le néant[3].

Maman n'a pas encore envisagé de zigouiller[4] le frigo ni
15   la cuisinière[5]. Il lui reste encore un soupçon de bon sens[6], mais pour combien de temps ?

– Tu as distribué les tracts ?

– C'est fait.

– Bien. J'espère que nous aurons du monde. J'ai déjà
20   loué[7] le camion pour le week-end. Et si nous préparions le repas ? propose-t-elle, passant du coq à l'âne[8].

C'est incroyable ce que nous faisons ensemble depuis que la télé est débranchée[9].

---

1   l'ustensile *m.*: Küchenartikel
2   l'espace *m.* dégagé: übersichtlicher Raum
3   le néant: Nichts
4   zigouiller: *fam. hier* abschaffen
5   la cuisinière: Herd
6   le soupçon de bon sens *m.*: Quäntchen gesunden Menschenverstands
7   louer: ausleihen
8   passer du coq *m.* à l'âne *m.*: *expr. fig.* von Hölzchen auf Stöckchen kommen
9   débranché/e *adj.*: offline

Je ne lui avoue[1] pas que je trouve pas mal de plaisir à apprendre à cuisiner ou encore à coudre[2] avec elle. Elle serait trop contente et, surtout, je crois qu'il me reste quelques batailles à livrer[3] contre sa rage[4] « anti-objets ».

J'embrasse maman avant d'aller me coucher. Je lui trouve 5 un drôle d'air.

– Ça va ?

– Un peu de fatigue, Lé. Ce n'est rien.

Elle me regarde m'éloigner. On la dirait au bord des larmes. 10

– Tu es sûre que ça va ?

– Mais oui…

Je n'insiste pas.

Avant de me mettre au lit, je relis une dernière fois ma liste. 15

J'ouvre les draps[5] pour m'y glisser[6]. Une feuille vole. Je reconnais l'écriture de maman. Elle a rempli le recto et le verso[7]. Les mots sont serrés[8], comme s'il elle en avait eu trop et trop peu de place.

J'allume ma lampe de chevet[9]. 20

Je n'aime pas ça.

Je prends une longue inspiration et je lis.

Les premières phrases s'embrouillent dans ma tête. Je reviens au début et recommence.

---

1 avouer: zugeben, eingestehen
2 coudre: nähen
3 livrer: *ici* faire
4 la rage: la colère
5 ouvrir les draps *m. pl.*: die Bettdecke zurückschlagen
6 glisser: *hier* hineinschlüpfen
7 le recto et le verso: Vor- und Rückseite
8 serré/e *adj.*: *hier* dichtgedräng
9 la lampe de chevet: Nachttischlampe

Maman s'explique. Elle dit qu'elle préfère coucher sur le papier les mots qu'elle ne pourrait pas me dire de vive voix[1] sans s'embrouiller.

Elle écrit : *nous ne devons pas vivre riches, mais avoir*
5 *une vie riche ; riche d'échanges, de partage et de liens*[2].

Je relis. J'essaie de comprendre. Tout n'est pas clair.

Plus loin, il y a : *ces objets qui nous dévorent*[3].

Et ceci aussi : *ne pas toujours consommer mais construire.*

Maman note qu'elle avait ça en elle depuis longtemps
10 et : *j'espère que tu ne m'en veux pas trop, Lé, mais je sais que mon rôle de mère est, aussi, de te guider vers ce que je crois être bon pour toi – pour nous.*

Elle parle de domination, de publicité, d'endoctrinement[4].

Ce serait mentir d'affirmer que je saisis ou suis d'accord
15 avec tout ce qu'elle avance[5].

Je suis troublée par le fait de ne rien avoir vu venir, d'avoir vécu toutes ces années à côté d'elle – en aveugle[6].

Elle termine par ces phrases : *Lé, ma chérie, prenons le temps. À part*[7] *détruire que faisons-nous rapidement ?*
20 *Apprenons à vivre à notre allure*[8] *et à ne pas céder*[9] *de notre liberté pour une possession*[10] *matérielle illusoire. Ce que je te propose c'est de désobéir davantage*[11] *et de résister plus. Ensemble.*

---

1 de vive voix *f.*: mündlich
2 les liens *m. pl.*: *hier* Bindungen
3 dévorer: verschlingen, verzehren
4 l'endoctrinement *m.*: Indoktrinierung
5 avancer: *hier* vorbringen
6 aveugle *m./f. adj.*: blind
7 à part *prép.*: ausgenommen
8 l'allure *f.*: la vitesse
9 céder: aufgeben
10 la possession: Besitz
11 davantage *adv.*: plus

Dimanche après-midi, il fait beau.

Nous avons passé la matinée à sortir[1] meubles et objets divers sur notre pelouse[2], devant la maison. Je suis fourbue[3]. Maman n'est guère plus vaillante[4].

La veille[5], nous les avons étiquetés en leur donnant un prix.

– Aussi bas[6] que possible, a précisé maman. Nous ne faisons pas de commerce.

Ma mère tourne et retourne entre ses doigts le tract : *Dimanche 11 juillet, de 14 à 18 heures, 13, rue des Hortensias, grand vide-grenier[7], prix sacrifiés[8], tout doit disparaître.*

– À l'américaine[9]… s'amuse-t-elle. À la seule différence que nous ne faisons pas faillite[10], mais en quelque sorte fortune…

Elle sourit.

Les objets de notre vie quotidienne sont alignés[11] sur la pelouse.

Je suis intimidée[12]. Je transpire. Je n'ose rien dire. Je n'aime pas voir étalée[13] notre intimité au grand jour[14].

1 sortir qc: etw. herausbringen
2 la pelouse: Rasen
3 forbu/e *adj.*: très fatigué/e *adj.*
4 ne plus être vaillant/e *adj.*: nicht mehr so wachsam sein
5 la veille: le soir avant
6 bas/se *adj.*: *ici* pas cher/chère *adj.*
7 le vide-grenier: Flohmarkt
8 le prix sacrifié: Schleuderpreis
9 à l'américaine: auf die amerikanische Art
10 faire faillite *f.*: Pleite gehen
11 aligné/e *adj.*: aneinandergereiht
12 intimidé/e adj: eingeschüchtert
13 étalé/e *adj.*: ausgebreitet
14 au grand jour: *expr.* en public *m.*

Dans la rue, le long du trottoir, est garé[1] le camion[2] que maman a loué.

– Tout ce qui n'aura pas disparu, on le mettra dans le camion à la fin de la journée et j'irai le porter au dépôt
5   d'Emmaüs[3]. Ils sont avertis[4].

Elle est fière d'elle. Moi un peu moins. Je ne sais toujours pas si elle ne fait pas une énorme bêtise.

Il est quatorze heures, toujours personne.

– Tu as soif, maman ?
10   – Non, merci Lé.

Un oiseau se pose sur le dosseret[5] d'une chaise.

– Notre premier client, plaisante maman.

Je ne trouve pas ça drôle.

Un couple de voisins approche.
15   L'homme nous fait un signe de la main. Je regarde l'heure à ma montre.

Elle fait partie de ma liste. Tous les objets que nous gardons sont dans la maison ou sur nous.

Il est quatorze heures onze. Le couple franchit le seuil[6]
20   de notre grille[7] ouverte.

Ils avancent vers nous.

– On fait quoi, maman ?

1 garer: parken
2 le camion: LKW
3 Emmaüs: eine 1949 in Frankreich gegründete Organisation, die vor allem Obdachlosigkeit und Armut bekämpft
4 avertir: *ici* informer
5 le dosseret: Rückenlehne
6 franchir le seuil: die Schwelle übertreten
7 la grille: Gartentor

– On ne bouge pas, chérie. On se contente de[1] savourer[2] notre nouvelle vie qui commence.

Il est dix-huit heures.

Bientôt nous chargerons le camion avec les objets qui ne sont pas partis. 5

Nous sommes assises, maman et moi, côte à côte sur l'herbe – toutes les chaises ont été vendues.

Plus rien à craindre[3], maman a réalisé son « rêve » et cette fois je suis tranquille pour un bout de temps.

– Lé ? 10

   – Hum…

   – J'ai pensé…

   – À quoi, maman ?

   – Si nous installions des toilettes sèches[4] dans la maison, tu dirais quoi ? 15

---

1   se contenter de: sich begnügen
2   savourer: genießen
3   craindre: befürchten
4   les toilettes *f. pl.* sèches: Plumpsklo

Sujets d'étude

A *Pendant la lecture*

1. Travaillez à deux.
   a) Lisez le début de la nouvelle (p. 92, l. 1 – p. 94, l. 5) et relevez les informations importantes.
   b) Énumérez des hypothèses sur le contenu des tracts.
2. Travaillez à deux. Exposez en quelques mots le contexte de ces mots et mettez-les dans l'ordre chronologique: la parabole, la pelouse, le congélateur, les livres, le psychiatre, la liste, cuisiner, le camion.
3. Relevez les passages de la nouvelle dans lesquels Lé exprime ce qu'elle pense des idées et des procédés de sa mère. Étudiez votre liste et faites une conclusion.
4. Caractérisez Lé.
5. La mère, avait-elle le droit de pousser Lé comme cela? Discutez le pour et le contre.

B *Après la lecture*

1. Comparez Lé à un(e) autre protagoniste d'une autre nouvelle.
2. Travaillez à deux.
   a) Faites une liste des objets auxquels vous n'avez pas touché depuis un an. Lequel de ces objets pourriez-vous offrir ou vendre?
   b) Énumérez les quinze objets les plus importants pour vous en ce moment.
   c) Comparez vos résultats de a) et b) et discutez-en.

Changement de braquet

Changement de braquet[1]. Tête dans le guidon[2]. Dos rond. Épaules rentrées[3]. Bouli entame[4] la descente à fond[5].

Dans quelques secondes il va débouler[6] dans le rond-point[7], se pencher[8] à la limite du dérapage[9] et prendre la deuxième sortie sur la droite.   5

Profitant de l'élan, il va pédaler[10] comme un fou et aborder la côte[11] avant d'arriver devant la grille en fer forgé[12] de sa maison.

Bouli a onze ans. Un âge où on ne craint ni les chutes ni les écorchures[13] aux genoux.   10

Il s'est légèrement surélevé[14] sur les pédales pour mieux porter son poids vers l'avant et accélérer[15] davantage[16].

---

1 le changement de braquet *m.*: *fam.* einen anderen Gang einlegen, *fig.* die eingesetzten Mittel dem Zweck anpassen
2 le guidon: Lenker
3 l'épaule *f.* rentrée *adj.*: *hier* zusammengezogene Schulter
4 entamer: commencer
5 à fond *adv.*: *ici* très vite
6 débouler: *fam.* descendre très vite
7 le rond-point: Kreisverkehr
8 se pencher: sich niederbeugen
9 le dérapage: Ausrutschen, aus der Kurve fliegen
10 pédaler: in die Pedale treten
11 aborder la côte: *hier* den Hang angehen
12 la grille en fer *m.* forgé *adj.*: schmiedeeiserner Gartenzaun
13 l'écorchure *f.*: la petite blessure
14 se surélever: *hier* sich erheben
15 accélérer: aller plus vite
16 davantage *adv.*: plus

Il a déjà parcouru[1] la moitié de la distance qui le sépare du carrefour. Le rond-point est à portée de[2] roues.

Il est dix-huit heures trente. L'obscurité[3] gagne du terrain.

5   Depuis qu'il est en classe de sixième au collège, Bouli fait ses devoirs à l'étude du soir et rentre tard.

Bouli ferme ses doigts une fraction de[4] seconde sur la poignée[5] du frein[6] arrière. Le pneu dérape[7] un peu, mais pas trop.

10   Bouli relâche[8] la poignée, se penche sur le côté et attaque le rond-point dans la position d'un pilote de moto.

Bouli dépasse la première sortie à droite. Il se redresse légèrement pour assurer le bon équilibre[9] de sa bécane.[10]

Titre en première page du journal local : *Épidémie de pneus*
15   *dégonflés*[11].

En quatre-roues, Bouli est un expert. Celui qu'on vient de lui remettre est une vraie bête de compétition.

Les repose-pieds[12] sont escamotables[13]. L'assise[14] est imperceptiblement[15] plus inclinée[16] vers l'avant que sur son

---

1   parcourir: *ici* faire
2   à portée de (roues *f. pl.*): proche de, pas loin de
3   l'obscurité *f.*: l'absence *f.* de lumière *f.*
4   la fraction de: la très petite partie de
5   la poignée: Griff
6   le frein: Bremse
7   déraper: *hier* ausbrechen
8   relâcher: *ici* laisser
9   l'équilibre *m.*: Gleichgewicht
10 la bécane: *fam.* le vélo
11 dégonfler: Luft herauslassen, platt machen, herunterspielen
12 le repose-pied: Fußstütze
13 escamotable *m./f. adj.*: (ein-)klappbar
14 l'assise *f.*: *ici* le siège
15 imperceptiblement *adv.*: un petit peu
16 incliné/e *adj.*: geneigt

précédent[1]. La prise en main[2] et la propulsion[3] sont aisées[4]. Les chromes rutilent[5].

Bouli le teste immédiatement sous les yeux du vendeur et de ses parents. Il passe de l'ancien au nouveau avec une maîtrise incomparable. Il ajuste sa position et sans attendre exécute[6] un superbe demi-tour[7]. 5

Avant, arrière. Arrière, avant. Impeccable[8] !

Bouli pousse sur ses bras. Le fauteuil roulant[9] démarre[10] comme une Formule 1.

– Extra ! 10

Il est aux anges[11]. Un large sourire illumine son visage. Ses yeux pétillent[12].

Bouli a treize ans.

Il ne garde aucune séquelle cérébrale[13] des six semaines de coma passées à l'hôpital en soins intensifs[14]. Il fonce[15], se 15 bat et réussit à surmonter les difficultés.

C'est aux commandes de son nouveau fauteuil roulant que Bouli rentre chez lui.

1 le/la précédent/e: le/la ... avant
2 la prise en main *f.*: die Bedienung
3 la propulsion: Antrieb
4 aisé/e *adj.*: *hier* leicht
5 rutiler: funkeln
6 exécuter: *ici* faire
7 le demi-tour: Kehrtwende, halbe Umdrehung
8 impeccable *m./f. adj.*: *fam.* parfait/e *adj.*, très bien
9 le fauteuil roulant: Rollstuhl
10 démarrer: commencer à rouler
11 être aux anges *m. pl.*: *expr. fam.* im siebten Himmel sein
12 pétiller: *hier* strahlen
13 la séquelle cérébrale: Hirnschädigung
14 en soins intensifs *m. pl.*: auf der Intensivstation
15 foncer: *fam.* aller très vite

Il insiste pour se débrouiller seul. Il veut grimper sans l'aide de son père dans la voiture aménagée[1] en fonction de son handicap[2]. C'est un peu laborieux[3], mais il y arrive.

– Bravo ! s'écrie sa mère.

5 À travers la vitre arrière[4], sur le chemin du retour, Bouli observe le paysage. S'il lui arrive de croiser un cycliste, il détourne le regard[5] – davantage encore si c'est un jeune de son âge.

Bouli retournera au collège dès la rentrée prochaine.
10 Depuis qu'il est sorti du coma, il a suivi des cours par correspondance. Il n'a d'ailleurs fait que les suivre sans jamais les rattraper[6]. Personne ne lui faisant de remontrance[7] sur son travail scolaire et ses notes plus que moyennes, Bouli en a profité pour étudier en « amateur[8] ».

15 Cette année il entre en cinquième alors qu'il devrait être en quatrième.

– On y est, annonce son père.

Il gare la voiture devant la maison, sort, va ouvrir la grille, puis la porte du passager arrière. La mère de Bouli
20 est déjà dans l'allée, elle fouille dans son sac pour trouver les clés.

– Tu veux que je t'aide ? demande son père.

Le regard noir de Bouli est une réponse claire.

---

1 aménagé/e *adj.*: aufgebaut, ausgestattet
2 le handicap: Behinderung
3 laborieux/-euse *adj.*: qc qui coûte beaucoup de travail, difficile *m./f. adj.*
4 la vitre arrière: Rückscheibe
5 détourner le regard: regarder dans une autre direction
6 rattraper: regagner, reprendre
7 la remontrance: Zurechtweisung, Vorhaltung
8 en amateur *m.*: *ici* pas sérieusement *adv.*

Nouveau titre en première page du journal local : *La police nationale et la police municipale sur les dents*[1]. *Des 4X4*[2] *principalement visés*[3].

Pull rouge, pantalon vert, chaussures bleues – Bouli se voit de loin[4].

Au début il n'a pas été facile d'expliquer à sa mère les raisons de ce changement vestimentaire[5].

Une débauche[6] de couleurs qui, après à peine une semaine de collège, fait de Bouli un sémaphore[7] vivant.

Le garçon est revenu à la charge[8] à de nombreuses reprises[9].

– Écoute, maman. Quand on te regardera comme un animal curieux à longueur de journée, tu comprendras... Quitte à[10] être voyant, autant l'être vraiment[11] !

Bouli refuse de se fondre dans le décor[12]. Son handicap et sa prothèse roulante sont suffisamment présents pour qu'il n'essaie pas de passer inaperçu[13].

Alors il choisit le contre-pied[14] pour éliminer l'adversaire.

---

1   sur les dents *f. pl.: fam.* alarmé/e *adj.*, nerveux/-euse *adj.*, très occupé/e *adj.*
2   le 4X4: Geländewagen, Fahrzeug mit Vierradantrieb
3   visé/e *adj.*: concerné/e *adj.*, touché/e *adj.*
4   (il) se voit de loin: *expr.* man sieht ihn von weitem
5   vestimentaire *m./f. adj.*: ... de vêtements *m./f.*
6   la débauche: *hier* l'usage *m.* excessif *adj.*
7   le sémaphore: Signalpunkt
8   revenir à la charge: *fig.* insister, recommencer
9   à de nombreuses reprises *f. pl.*: souvent *adv.*
10   quitte à (+ verbe): auf die Gefahr hin, dass
11   quitte à être voyant, autant l'être vraiment: wenn auffallend, dann richtig
12   se fondre dans le décor: *expr.* nicht auffallen
13   inaperçu/e *adj.*: invisible *m./f. adj.*
14   le contre-pied: *ici* le contraire

Bouli est un ovni[1] bariolé[2] dans la grisaille[3] du collège. Bouli est le type qui se balade dans une tenue[4] extravagante. Il n'est plus ce garçon handicapé qu'on plaint[5] par-derrière en faisant semblant[6] de ne pas s'en apercevoir[7] par-devant.

5 Ses parents ont fini par céder[8] devant la lubie[9] de leur fils. Sa mère a chamboulé[10] la garde-robe de son fils. Son armoire s'est transformée en palette de peintre. Noir, blanc et gris ont été bannis[11].

Bouli est un « Van Gogh à roulettes » – l'expression est
10 de lui.

Côté collège, petit à petit l'appréhension[12] des premiers jours s'est dissipée[13]. Le principal[14] et l'administration se sont mis en quatre[15] pour permettre à Bouli d'assister aux cours.

Bouli a découvert que les couloirs étaient des pistes de
15 vitesse sensationnelles. Il n'est pas rare de le voir piquer un sprint[16] en fonçant dans le tas[17].

1	l'ovni *m.* (**o**bjet **v**olant **n**on **i**dentifié): UFO
2	bariolé/e *adj.*: de toutes les couleurs *f. pl.*
3	la grisaille → gris/e *adj.*: *ici* la monotonie
4	la tenue: les vêtements *m. pl.*
5	plaindre qn/qc: jdn/etw. beklagen
6	faire semblant de: faire comme si …
7	s'apercevoir de qc: remarquer, voir qc
8	céder: einlenken, klein beigeben
9	la lubie: l'idée *f.* folle
10	chambouler: changer complètement
11	banni/e *adj.*: verbannt
12	l'appréhension *f.*: la peur
13	se dissiper: sich zerstreuen
14	le principal: le directeur d'un collège
15	se mettre en quatre: *fig.* faire tout son possible
16	piquer un sprint: *fam.* faire un sprint
17	foncer dans le tas: *fam.* in die Menge rasen

Le garçon a mis au point une technique infaillible[1] pour éviter les carambolages : il siffle afin de prévenir de l'arrivée imminente[2] du bolide[3].

Personne n'ose lui faire la moindre réflexion sur[4] ses chevauchées[5] dans les couloirs.

Pour Bouli, la jungle est ailleurs[6].

Titre en deuxième page du journal local : *Douze véhicules ont vu leurs quatre pneus dégonflés dans la semaine. On soupçonne[7] un groupe anti-4X4.*

Dès le deuxième trimestre[8], malgré les intempéries[9] et le froid, Bouli a convaincu ses parents de le laisser aller au collège par ses propres moyens, qui se résument à son fauteuil, ses mains et ses bras déjà très musclés pour un garçon de son âge.

Sa mère a déniché[10] dans une braderie[11] un superbe poncho imperméable[12] violet, un chapeau de marin évidemment jaune et ciré[13], des bottes fourrées[14] et une alèse

---

1   infaillible *m./f. adj.*: sans faute *f.*
2   imminent/e *adj.*: bevorstehend
3   le bolide: la voiture de Formule 1, *ici* le fauteuil roulant
4   faire une réflexion sur qc/qn: sich über etw./jdn beschweren
5   la chevauchée: Ritt
6   ailleurs *adv.*: pas ici
7   soupçonner: avoir une idée sans en être sûr/e
8   le trimestre: in Frankreich ist das Schuljahr in drei Abschnitte (Trimester) unterteilt
9   les intempéries *f. pl.*: Witterungsbeeinträchtigungen
10 dénicher: *fam.* trouver
11 la braderie: *hier* Trödelmarkt
12 imperméable *m./f. adj.*: regendicht, wasserfest
13 ciré/e *adj.*: gewachst
14 les bottes fourrées *f. pl.*: gefütterte Stiefel

en caoutchouc[1]? qu'elle a retaillée[2] à la bonne dimension.
Bouli l'installe sur ses jambes quand il pleut à verse[3].

Cartable[4] sur les genoux et gants chauds aux mains,
Bouli sort de chez lui à sept heures du matin. Il entame son
5 périple[5] vers le collège. Cinquante minutes lui sont
nécessaires si tout va bien, sinon…

Ce matin, la *jungle* semble s'être peuplée d'[6]une faune[7]
particulièrement abondante[8].

À peine[9] a-t-il parcouru deux cents mètres, qu'un
10 amoncellement[10] de poubelles lui barre[11] le chemin.

Il doit descendre du trottoir, ce qu'il accomplit[12] sans trop
de difficultés. Remonter se révèle une autre paire de
manches[13].

Il bataille[14] en obliquant[15] dangereusement en arrière,
15 puis se propulse[16] de toutes ses forces pour franchir[17] la
hauteur du trottoir. L'exercice lui coupe le souffle[18].

Il s'éloigne, passablement[19] de mauvais poil[20].

---

1   l'alèse *f.* en caoutchouc *m.*: Gummi-Unterlage
2   retailler: zurechtschneiden
3   pleuvoir à verse: *expr.* in Strömen gießen
4   le cartable: Schultasche
5   le périple: le voyage
6   se peupler de: être habité/e par
7   la faune: l'ensemble *m.* des animaux *m. pl.*
8   abondant/e *adj.*: riche *m./f. adj.*
9   à peine *adv.*: kaum
10 l'amoncellement *m.*: Haufen
11 barrer: bloquer
12 accomplir: réaliser
13 (c'est) une autre paire de manches *f. pl.*: *expr. fam.* das sind zwei
        Paar Stiefel
14 batailler: lutter
15 obliquer: tourner
16 se propulser: se déplacer
17 franchir: *ici* arriver à
18 le souffle: Atem
19 passablement *adv.*: *ici* très
20 de bon/mauvais poil *m.*: *fam.* de bonne/mauvaise humeur *f.*

Après les poubelles, ce sont les bagnoles[1] les pires ennemies. Caisses, chars[2], carrosses… peu importe[3] comment on les appelle. La voiture et sa verrue[4] vissée[5] au volant – le conducteur –, le regard mauvais et le pied lourd sur l'accélérateur[6] sont des prédateurs[7].   5

Bouli est le gibier[8].

S'il n'a aucun souvenir de son accident, Bouli sait néanmoins[9] que le véhicule qui l'a percuté[10] ce jour-là, il y a deux ans, à quelques mètres de chez lui à la sortie du rond-point, était un monstre conduit par un père de famille pressé   10
de rentrer chez lui. Un type estimé sans histoires, un homme sympathique, paraît-il.

Il n'a jamais cherché à rencontrer son *assassin*[11] – c'est ainsi qu'il l'appelle.

– En plus, aime-t-il à préciser, un assassin maladroit[12]…   15
La preuve je suis encore en vie !

La blague ne fait rire que lui.

Il est sept heures trente, Bouli est déjà en retard. La voiture est garée à cheval sur le trottoir[13]. Elle lui interdit le passage.   20

Il l'a repérée[14] de loin, espérant qu'elle serait partie avant qu'il ne parvienne à sa hauteur.

---

1 la bagnole: *fam.* la voiture
2 le char: Wagen, *hier* Panzer
3 peu importe: *expr.* ganz egal, nicht so wichtig
4 la verrue: Warze
5 vissé/e *adj.*: *fam. hier* hockend
6 l'accélérateur *m.*: Gaspedal
7 le prédateur: l'animal *m.* qui chasse
8 le gibier: l'animal qu'on chasse
9 néanmoins *adv.*: gleichwohl
10 percuter: überfahren
11 l'assassin *m.*: qn qui tue qn
12 maladroit/e *adj.*: ungeschickt
13 à cheval *m.* sur le trottoir: auf der Bordsteinkante
14 repérer: voir

Cette portion[1] du trajet[2] est un peu comme un marigot[3]. Les grands fauves[4] viennent s'y abreuver[5].

Sur le trottoir opposé : une boulangerie. À cette heure matinale, beaucoup d'automobilistes s'arrêtent pour acheter
5 pain ou croissants. Les places de parking étant insuffisantes, on se gare[6] comme on peut.

D'expérience, Bouli a constaté que le sexe des conducteurs y fait peu. Femelle[7] ou mâle[8], la bête[9] n'hésite jamais à s'arrêter n'importe où, abandonnant[10] moteur en
10 marche sa carapace[11] à quatre roues, les feux de détresse[12] allumés en guise d'[13]avertissement[14].

Les gaz d'échappement[15] sont pour Bouli une source d'asphyxie[16] permanente. À sa hauteur, il profite à volonté de doses massives – comme les mouflets[17] en poussette[18].

15 Bouli descend une nouvelle fois du trottoir. Il est sur la route, à ses risques et périls[19], mais comment faire autrement ?

---

1 la portion: la partie
2 le trajet: le chemin
3 le marigot: toter Flussarm
4 le fauve: l'animal sauvage *m.* qui chasse
5 s'abreuver: boire
6 (se) garer: parken
7 femelle *m./f. adj.*: de sexe féminin
8 mâle *m./f. adj.*: de sexe masculin
9 la bête: Tier, Vieh
10 abandonner: laisser
11 la carapace: Panzer
12 les feux *m. pl.* de détresse *f.*: Warnblinker
13 en guise de *prép.*: als
14 l'avertissement *m.*: Warnung
15 les gaz *m. pl.* d'échappement *m.*: Auspuffgase
16 l'asphyxie *f.*: Ersticken
17 le mouflet: *fam.* le petit enfant
18 la poussette: Kinderwagen
19 à mes/ses risques et périls: *expr.* auf eigenes Risiko

Titre en bas de page à la Une[1] du journal local : *Souriez, vous êtes dégonflés ! Les « terroristes » anti-4X4 ont de l'humour.*

Ce soir Bouli est fatigué. Il rentre chez lui à petite allure[2]. Son cartable pèse sur ses jambes. Les muscles de ses bras sont noués[3]. Son fauteuil lui fait l'impression d'une masse horriblement lourde qu'il doit traîner[4] sous lui. Heureusement il n'est plus très loin. Il reste à négocier[5] la grande descente avant le rond-point. 5

Alors quand il rencontre sur son chemin un 4X4 garé sur un bateau[6] et obstruant[7] le passage, son sang ne fait qu'un tour[8] . 10

D'un mouvement rageur[9], il donne une impulsion[10] à son fauteuil qui se cabre[11].

Bouli se précipite[12] derrière le véhicule. Le moteur est coupé, aucune fumée ne sort du pot d'échappement[13]. 15

Bouli descend du trottoir et s'engage sur la route. Il longe prudemment[14] la voiture. Il pose une main sur le capot[15]. La tôle[16] est froide.

1 la Une: Schlagzeile, Titelseite einer Zeitung
2 à petite allure *f.*: *expr.* lentement, pas vite
3 noué/e *adj.*: *hier* verhärtet
4 traîner: tirer
5 négocier: *fig.* meistern
6 garer sur un bateau: *expr.* auf einem abgesenkten Bürgersteig parken
7 obstruant → obstruer: bloquer
8 son sang ne fait qu'un tour: *expr.* être bouleversé/e *adj.*
9 rageur/-euse *adj.*: en colère *f. adv.*
10 l'impulsion *f.*: Anstoß
11 se cabrer: aufbäumen
12 se précipiter: aller très vite
13 le pot d'échappement *m.*: Auspuff
14 prudemment *adv.*: sans risques *m. pl.*
15 le capot: Haube
16 la tôle: Blech

– C'est pas possible !

Il exécute un demi-tour rageur et se fait klaxonner[1] par une berline[2] qui l'évite de justesse[3].

Cette fois-ci il ressent le besoin d'affronter[4] le conducteur, et en l'attendant, Bouli prépare deux allumettes[5]. Il garde toujours sur lui une boîte d'allumettes familiale.

Bouli n'éprouve[6] aucun plaisir. Il n'est pas un redresseur de torts[7]. Il voudrait simplement qu'on le respecte, lui et tous les piétons[8], les poussettes, les landaus[9], les personnes âgées, les malades, les chiens, les martiens[10]…

Dix minutes plus tard, une femme se dirige dans sa direction. Elle tient un trousseau de clés[11] à la main.

Elle doit certainement trouver étrange ce garçon, sur la route, dans son fauteuil, à côté de sa voiture.

– Tu as un problème ? demande-t-elle quand elle arrive à sa hauteur.

Bouli se dit qu'elle pourrait être sa mère ou sa tante ou une amie de ses parents. C'est une femme ordinaire comme on en rencontre à chaque coin de rue.

Le garçon ne répond pas. Il fixe son regard sur elle. Elle a un mouvement d'hésitation.

– Ça va ? insiste-t-elle.

– Le problème, c'est vous qui l'avez… réplique Bouli.

---

1 klaxonner: hupen
2 la berline: la voiture de luxe
3 de justesse *f. adv.*: haarscharf
4 affronter qn: jdm die Stirn bieten
5 l'allumette *f.*: Streichholz
6 éprouver: ressentir
7 le redresseur de torts *m. pl.*: qn qui veut faire gagner la justice
8 le piéton: qn qui marche à pied
9 le landau: Kinderwagen
10 le martien: l'habitant de la planète Mars
11 le trousseau de clés *f. pl.*: Schlüsselbund

Elle ne comprend pas. Elle écarquille[1] les yeux avant de se rapprocher du garçon.

– Qu'est-ce que tu dis ?

Bouli pense qu'en définitive[2] il a eu tort. Il aurait préféré ne pas la rencontrer. Elle est trop commune[3], si différente de ce qu'elle doit être derrière un volant[4]. 5

À la maison, sa mère soutient que les femmes conduisent mieux que les hommes. « C'est prouvé », dit-elle, avec un air de défi[5].

Une petite phrase qui titille[6] son père. 10

Bien au chaud chez soi, la bagnole continue de faire des ravages[7]. C'est un brin[8] agacé[9] que son père répond : « N'importe quoi… »

– Ma mère pense que les femmes sont de meilleures conductrices que les hommes, dit Bouli. 15

– Quoi ? Qu'est-ce que tu me chantes[10] ? Allez, viens, je vais t'aider à remonter sur le trottoir.

Parfois les fauves manquent d'instinct et font une erreur d'appréciation[11].

---

1   écarquiller: ouvrir largement
2   en définitive: finalement, au final, après tout *adv.*
3   commun/e *adj.*: normal/e *adj.*, comme tout le monde
4   le volant: Lenkrad
5   le défi: Herausforderung
6   titiller: énerver
7   faire des ravages *m. pl.*: *expr.* détruire
8   un brin (de) *loc.*: un peu (de)
9   agacé/e *adj.*: énervé/e *adj.*
10   chanter: *fam. ici* raconter
11   l'appréciation *f.*: Ermessen, Beurteilung

Bouli se sent rabaissé[1], humilié[2]. Ses mâchoires[3] se crispent[4]. Il recule alors que la femme s'apprête à[5] lui venir en aide.

– Eh bien ! Tu joues à quoi ? s'irrite-t-elle.

5 Gros titre à la Une du journal local : *C'était un gamin en fauteuil roulant !*

– Qu'est-ce qui t'a pris ? demande l'enquêteur[6].

La boîte d'allumettes est posée sur la table. Bouli n'a fait aucune difficulté pour expliquer comment il s'y prenait.

10 Les allumettes enfoncées dans les valves[7] des pneus.

Les affichettes[8] coincées[9] dans les portières[10] : *souriez, vous êtes dégonflés.*

Bouli en avait tendu une à la femme. Elle l'avait prise. Elle l'avait lue. Son visage s'était décomposé[11].

15 Les deux pneus côté route de son 4X4 étaient dégonflés. Bouli lui souriait. Il avait enfin le courage d'affronter la bête en face.

La femme avait téléphoné à la police avec son portable. Elle avait giflé[12] Bouli.

20 – On ne frappe pas un handicapé, avait-il dit très calmement.

---

1 rabaissé/e *adj*.: herabgesetzt
2 humilié/e *adj*.: gekränkt
3 la mâchoire: Kiefer
4 se crisper: se contracter
5 s'apprêter à (faire qc): commencer à (faire qc)
6 l'enquêteur *m*.: le commissaire de police f.
7 la valve: Ventil
8 l'affichette *f*.: la petite affiche
9 coincé/e *adj*.: eingeklemmt
10 la portière: la porte d'une voiture
11 décomposé/e *adj*.: *hier* verzerrt
12 gifler: ohrfeigen

La femme avait piqué une crise[1]. Elle s'était mise à[2] lui crier dessus. Puis la police était arrivée.

– Des fauves, répond Bouli.

L'inspecteur hoche[3] la tête.

– T'es un marrant[4], toi, dit-il. Le pire, c'est que tu vas ⁵ devenir une vedette dans les médias... alors que tu n'es finalement qu'un voyou en herbe[5].

– Non, un chasseur...

Bouli a eu peur quand on l'a conduit au commissariat, son fauteuil dans le coffre de la voiture de police, lui sur la ¹⁰ banquette arrière[6].

La peur a maintenant disparu.

Bouli se sent étrangement délivré[7] d'un poids[8].

Titre du journal local : *Une association anti-4X4 prend la défense du jeune dégonfleur[9] de pneus.* ¹⁵

La voiture tout-terrain en pays conquis[10] ?

Début de l'article : *Ils envahissent les rues, affichent leur profil de tank[11], de monstre arrogant et pollueur[12]. Ils stationnent[13] impunément[14] sur les trottoirs. Les piétons et les deux-roues n'ont qu'à dégager[15] et se faire une raison[16]...* ²⁰

1 piquer une crise: *fam.* sich aufregen
2 se mettre à (faire qc): commencer à (faire qc)
3 hocher: nicken
4 marrant/e *adj.*: *fam.* amusant/e *adj.*, drôle *m./f. adj.*
5 le voyou en herbe *f.*: le petit criminel
6 la banquette arrière: *hier* Rücksitz
7 délivré/e *adj.*: libéré/e *adj.*
8 le poids: *hier* Last (psychisch, moralisch)
9 le dégonfleur → dégonfler
10 conquis/e *adj.*: erobert
11 le tank: Panzer
12 le pollueur: Umweltsünder, Umweltverschmutzer
13 stationner: garer
14 impunément *adv.*: sans sanction *f.*, sans punition *f.*
15 dégager: *fam.* Platz machen
16 se faire une raison: *expr.* sich damit abfinden

Sujets d'étude

A Pendant la lecture

1. a) Trouvez un titre aux six parties de la nouvelle
      (p. 118–119; 119–121; 122–124; 124–127;
      128–131; 131–132).
   b) À deux, présentez et justifiez vos titres à l'aide
      du texte (un titre par partie).
   c) À deux, ajoutez à chaque partie ce que vous
      apprenez sur Bouli.
2. Dans le texte, on trouve de nombreux mots qui
   viennent du champ lexical de *la chasse*.
   a) Relisez les pages (p. 126–127) et relevez ces
      mots et leur signification dans le texte.
   b) Expliquez pour quelle(s) raison(s) l'auteur se sert
      de ces mots.
3. Expliquez la phrase: « Pour Bouli, la jungle est
   ailleurs. » (p. 124, l. 6)
4. Analysez la relation mère-fils et père-fils.
5. Relevez à partir de quel moment le lecteur/la
   lectrice réalise qu'un lien existe entre les titres des
   journaux et l'histoire de Bouli. Retrouvez le passage
   et discutez-en à deux.
6. Faites le portrait de Bouli.
7. En groupe, relisez les pages 128–132.
   a) Jouez la scène entre Bouli et la conductrice.
   b) Expliquez les réactions de Bouli et de la
      conductrice.

B Après la lecture

1. a) Traduisez le titre et le début de l'article du
      journal local: « Une association anti-4X4 … et se
      faire une raison… » (p. 132, l. 14–20)
   b) Rédigez la suite de cet article (max. 150 mots).

Pour la vie

Kita lance[1] le noyau d'abricot[2] en l'air. De la même main, elle en attrape trois autres posés devant elle.

Lomé, sa petite sœur, la regarde d'un air farouche[3].

– C'est toujours toi qui gagnes, se plaint[4]-elle.

Kita me fait un clin d'œil[5].   5

Lomé est dans la salle de bains avec sa mère.

À travers[6] la porte entrouverte, je la vois assise sur le tabouret[7] en bois, la tête bien droite, les mains posées sur les cuisses[8], une serviette-éponge[9] sur les épaules[10].

Derrière elle sa mère la coiffe[11]. Elle utilise un peigne[12]   10 africain qui ressemble[13] à une fourche miniature pourvue de six dents[14]. Des cheveux tombent sur le carrelage[15].

Faudra pas qu'ils comptent sur moi pour les ramasser…

1   lancer: jeter
2   le noyau d'abricot *m*.: Aprikosenkern
3   farouche *m./f. adj*.: furieux/-euse *adj*.
4   se plaindre: protester
5   le clin d'œil *m*.: Augenzwinkern
6   à travers *prép*.: quer durch
7   le tabouret: Hocker
8   la cuisse: Schenkel, Oberschenkel
9   la serviette-éponge: Frottee Handtuch
10 l'épaule *f*.: Schulter
11 coiffer: frisieren
12 le peigne: Kamm
13 ressembler à qc/qn: etw./jdm ähneln
14 la fourche miniature pourvue de six dents *f. pl*.: sechszackige Minigabel
15 le carrelage: Fliesen

Lomé m'aperçoit[1]. Elle grimace et me fait signe de la main de disparaître.

Décidément[2], on n'est plus chez soi.

– Je ne saurai jamais vous remercier[3] assez, dit le père de
5 Kita et Lomé.

Je déteste quand il prend cet air servile[4]. On dirait un esclave devant son maître.

Nous sommes à table. C'est le soir. Maman sert la salade. Lomé tend son assiette. Ses petits bras d'un noir de jais[5]
10 tranchent avec[6] sa chemise de nuit d'une blancheur irréprochable[7].

– Vous n'avez pas à me remercier, répond mon père.

Un franc[8] sourire illumine[9] son visage.

– On a si honte[10] parfois…

15 Ma mère ne termine pas sa phrase. Elle la laisse en suspens[11] et personne ne la cueille[12].

Que se passe-t-il ? Pourquoi mes parents sont-ils devenus si écœurants[13] de bons sentiments ? C'en est gênant et énervant à la fois.

---

1   s'apercevoir: voir
2   décidément *adv.*: bien sûr *adv.*
3   remercier: dire merci
4   servile *m./f. adj.*: unterwürfig
5   noir/e *adj.* de jais *m.*: noir très brillant/e *adj.*
6   trancher avec: contraster
7   irréprochable *m./f. adj.*: parfait/e *adj.*
8   franc/franche *adj.*: ouvert/e *adj.*
9   illuminer: erhellen, erstrahlen
10 avoir si honte *f.*: sich so sehr schämen
11 laisser qc en suspens *m.*: laisser qc ouvert/e *adj.*
12 cueillir: hier aufschnappen
13 écœurant/e *adj.* ≠ aimable *m./f. adj.*

Alors je boude[1]. Il ne me reste plus que ça pour qu'on s'aperçoive[2] que j'existe.

– Tu te souviens du pays où tu es née ? je demande à Kita.

– Le pays où je suis née se trouve dans la mémoire de maman et dans les yeux de papa quand il a ce regard 5 étrange, tu sais bien…

Lomé, à côté de nous, acquiesce[3]. Elle prend un air sérieux pour donner encore plus de poids[4] à ce que dit sa sœur.

Ça m'apprendra à faire la conversation. On dirait que 10 Kita a appris à parler dans un livre.

– N'importe quoi[5] ? je dis et je sors de ma chambre pour ne plus entendre d'âneries[6].

Je surprends une bribe[7] de conversation entre ma mère et la leur[8] : 15

– Si je ne me trompe[9] pas, vous êtes depuis longtemps en France, n'est-ce pas ?

– Trois ans.

– Et vos filles allaient à l'école depuis…

– Deux ans. 20

Maman secoue la tête[10] en poussant un long soupir[11].

– Venez, c'est l'heure de leurs leçons, dit-elle.

---

1   bouder: schmollen
2   s'apercevoir: remarquer
3   acquiescer: einwilligen
4   le poids: Gewicht
5   n'importe quoi!: *expr. fam.* Unsinn!
6   l'ânerie *f.*: la bêtise
7   la bribe: *ici* la partie
8   leur *pron.*: *ici* la mère de Kita et Lomé
9   se tromper: sich irren
10 secouer la tête: den Kopf schütteln
11 le soupir: Seufzer

Elle prend par la main notre invitée. Elles vont ensemble dans le salon faire cours. Les deux petites les attendent sagement[1], leurs cahiers ouverts sur la table basse.

Et à moi, il ne me reste plus qu'à m'exiler dans mon coin
5 pour faire mes devoirs.

Quand je reviens le soir du collège, c'est Lomé qui m'accueille. Elle me saute au cou[2] et pose une bise mouillée sur ma joue[3].

– Tu m'as manqué, dit-elle.
10 Tous les jours de la semaine quand il y a école, le rituel se reproduit. Je ne fais rien pour l'en dissuader[4]. Il n'empêche que[5] sa bave[6] sur ma joue me dégoûte[7] toujours autant.

Kita est jalouse[8] il me semble. Je le suppose aux regards
15 mauvais qu'elle lance[9] à chaque fois à sa petite sœur.

Qu'elle essaie donc de venir m'embrasser elle aussi – elle sera bien reçue.

Mon père m'a pris à part[10] le jour de leur installation chez nous.
20 – Tu ne dois dire à personne qu'ils sont à la maison. Tu comprends ?

---

1 sagement *adv.*: calmement *adv.*
2 sauter au cou *m.* (de qn): an jds Hals springen
3 la bise mouillée sur la joue: feuchter Begrüßungskuss auf die Wange
4 dissuader qn (de qc): jdm von etw. abbringen
5 il n'empêche que: *expr.* dennoch
6 la bave: Speichel
7 dégoûter: détester
8 jaloux/-ouse *adj.*: eifersüchtig
9 lancer un regard à qn: einen Blick auf jdn werfen
10 prendre qn à part: jdn an die Seite nehmen

J'ai fait oui un peu trop vite de la tête, sans savoir ce qui m'attendait.

Si j'avais su que ma chambre allait être envahie[1] par les filles, j'aurais certainement protesté.

Il a repris : 5

– Si jamais cela venait à se savoir, ils auraient beaucoup d'ennuis… et nous aussi.

Il m'a serré dans ses bras[2] comme si nous scellions un accord[3] entre hommes.

Ça au moins, ça m'a plu. 10

– Vous ne vous ennuyez pas à rester à la maison sans sortir ?

Je pose la question aux deux filles. En vérité, j'aimerais bien qu'elles déguerpissent[4] et libèrent[5] mon espace vital.

Nous sommes dans la cuisine, nous goûtons[6]. Lomé est trop occupée à dévorer[7] sa tartine au beurre et au miel[8] 15 pour me répondre.

Kita termine sa bouchée[9] et dit :

– Dehors c'est dangereux. On pourrait nous prendre et nous mettre dans un charter[10]…

Ben voyons… je les ai sur le dos[11] jusqu'à la fin des temps. 20

Lomé lève la tête, intriguée[12].

– C'est quoi un charter ? demande-t-elle.

---

1 envahir: einnehmen, überfallen
2 serrer dans les bras *m. pl.*: in die Arme nehmen
3 sceller un accord: ein Abkommen besiegeln
4 déguerpir: *fam.* verschwinden
5 libérer: *ici* laisser libre *m./f. adj.*
6 goûter: die Nachmittagsmahlzeit einnehmen
7 dévorer: *ici* manger
8 la tartine au beurre *m.* et au miel *m.*: das Honigbrot
9 la bouchée: Bissen
10 le charter: Charterflug, Charterflugzeug
11 avoir qn sur le dos: *fig.* jdn auf der Pelle haben
12 intrigué/e *adj.*: irrité/e *adj.*

Kita la dévisage[1]. Elle réfléchit quelques secondes.

– Un charter, dit-elle enfin, c'est un gros mot[2].

– Ah bon… fait Lomé, et elle mord[3] dans sa tartine.

Le père de Lomé était avocat dans son pays. Sa femme
5 enseignait dans une université. Quand ils ont atterri[4] en
France, leurs diplômes ne valaient plus rien.

– Pourquoi ? leur ai-je demandé.

– C'est ainsi, m'a répondu le père des filles.

– Vous avez fait quoi alors ?

10 Il passe une main sur son menton[5], les yeux dans le vide.
Sa femme intervient :

– Nous avons travaillé, dit-elle sans donner de précisions.

J'adore quand on me parle par énigmes[6]… Une nouvelle
fois, j'aurais mieux fait de me taire[7].

15 – C'est quoi des sans-papiers[8] ? interroge Lomé.

– Ce sont des gens comme nous qui n'ont que leur cœur
pour écrire leur avenir à la surface[9] de la vie, répond sa
mère.

Je suis scié[10]. J'en crois pas mes oreilles. C'est beau
20 comme une publicité pour un shampoing à la rose[11]. Il ne
manque plus que la musique sirupeuse[12] d'un orchestre à
cordes[13].

---

1 dévisager qn: jdn mustern
2 le gros mot: Schimpfwort
3 mordre: beißen
4 atterrir: landen
5 le menton: Kinn
6 parler par énigmes *f. pl.*: in Rätseln sprechen
7 se taire: schweigen
8 les sans-papiers *m. pl.*: illegaler Einwanderer
9 la surface: Oberfläche
10 être scié/e: *fig.* erschrocken sein
11 le shampoing à la rose: Rosen-Shampoo
12 sirupeux/-euse *adj.*: *fig.* schnulzig
13 l'orchestre *m.* à cordes *f. pl.*: Streichorchester

Je m'éloigne[1] sinon je vais vomir[2].

– Je ne comprends pas, dit Lomé.

Brave petite.

– Ce que tu peux être sotte[3], s'emporte[4] sa sœur.

Fayot[5].   5

Mes deux plus belles billes[6] ont disparu. Je les cherche partout, sans résultat.

– Quelqu'un a vu mes billes ? Vous savez, celles qu'on appelle des agates[7]… Je vous les ai déjà montrées l'autre jour.   10

Lomé fait des yeux ronds, gonfle[8] ses joues[9] et soupire bruyamment[10]. Elle écarte les bras[11] pour dire qu'elle ne sait pas.

Kita blêmit[12].

– C'est toi qui me les as prises ? je demande en haussant   15
le ton de ma voix[13].

Kita ouvre la bouche, puis la referme sans avoir prononcé un mot. Elle s'agenouille[14], fouille[15] dans un de ses sacs et en ressort[16] mes billes.

---

1 s'éloigner: prendre distance *f.*
2 vomir: sich übergeben
3 sot/te *adj.*: bête *m./f. adj.*
4 s'emporter: se mettre en colère *f.*
5 le fayot: *fam.* Streber, Speichellecker
6 la bille: Murmel
7 l'agate *f.*: Achat
8 gonfler: aufblähen
9 la joue: die Wange
10 soupirer bruyamment *adv.*: laut seufzen
11 écarter les bras *m. pl.*: die Arme ausbreiten
12 blêmir: erblassen, bleich werden
13 hausser le ton de la voix: parler plus fort
14 s'agenouiller: sich hinknien
15 fouiller: durchstöbern
16 ressortir: herausholen

– Je ne te les ai pas volées, murmure-t-elle. Elles sont si belles que je voulais savoir ce que ça faisait de les posséder[1] toute une journée.

Je les lui prends en enfonçant mes ongles dans[2] la paume de sa main[3]. Elle grimace mais n'ose pas se plaindre[4].

À ce rythme-là, elle finira par tout me faucher[5] – alors à partir de maintenant, méfiance [6].

Le père des filles passe de longues heures à écrire dans un grand cahier dont la couverture cartonnée commence à donner des signes de fatigue[7]. Il emploie un crayon à papier qu'il porte à ses lèvres pour en humecter la pointe[8].

– Qu'est-ce que vous écrivez ?

Je l'ai surpris. Il a sursauté[9].

Il se retourne et m'observe un moment avant de répondre :

– Notre histoire, dit-il finalement.

– Vous allez en faire un livre ?

– J'essaie déjà d'en faire une vie…

Il reprend ses travaux d'écriture.

---

1 posséder: besitzen
2 enfoncer les ongles *m. pl.* dans qc: die Fingernägel in etw. hineindrücken
3 la paume de la main: Hand(innen)fläche
4 se plaindre: protester
5 faucher: *fam.* voler
6 la méfiance ≠ la confinace
7 le signe de fatigue f.: *hier* Gebrauchsspur
8 humecter la pointe: die Spitze anfeuchten
9 sursauter: aufspringen

Lomé et Kita se chamaillent[1]. J'interviens. Je les sépare et les tiens à distance l'une de l'autre au bout de mes bras écartés.

– Pourquoi vous disputez-vous ? je demande.

– Parce que nous sommes sœurs, répond Kita, tandis 5
que[2] Lomé acquiesce.

– C'est une raison, ça ?

– Évidemment[3] ! s'écrie Lomé.

Dix minutes plus tard, elles sont les meilleures amies du monde. C'est à n'y rien comprendre. Les filles sont un 10
mystère permanent, mais celles-ci particulièrement[4].

J'ai gagné le gros lot[5], je crois.

Maman est en congé[6] depuis qu'ils se sont installés chez nous. Je ne sais pas comment elle s'est débrouillée[7].

En temps normal, elle revient tard de son travail et papa 15
aussi. Je reste seul à la maison après le collège à les attendre.

Elle n'a jamais fait un tel effort[8] pour moi, ce qui me vexe[9] un peu.

À y réfléchir, je préfère aujourd'hui, même si nous 20
sommes à l'étroit[10].

– Merci beaucoup, dis-je à la mère des filles.

– De quoi ? fait-elle, surprise[11].

---

1   se chamailler: *fam.* sich zanken
2   tandis que *conj.*: wohingegen
3   évidemment *adv.*: bien sûr *adv.*
4   particulièrement *adv.*: besonders
5   gagner le gros lot: *fig.* das große Los ziehen
6   être en congé *m.*: Urlaub, Urlaubstage haben
7   se débrouiller: zurechtkommen
8   l'effort *m.*: Mühe, Aufwand
9   vexer: kränken
10   à l'étroit: beengt
11   surpris/e *adj.*: überrascht

– D'être chez nous…

Elle hésite. Passe une main chaude et grassouillette[1] sur ma joue.

Je voudrais qu'elle recommence, mais elle s'écarte[2] un
5 peu pour mieux m'examiner.

   – Tu es un garçon étonnant, murmure[3]-t-elle, rêveuse.

   – C'est un compliment ? je demande, pas très sûr.

Les filles dorment tête-bêche[4] dans ma chambre. Mon père
a installé deux matelas[5] par terre. Quand j'ai une envie
10 soudaine[6], je dois les enjamber[7] pour aller aux toilettes. Ce
n'est pas toujours facile, et je commence à en avoir assez de
jouer les équilibristes[8].

À deux reprises[9] un homme est venu à la maison. Papa l'a
présenté comme étant le président de l'association. Il a
15 discuté les deux fois en privé dans leur chambre avec les
parents des filles.

   – Vous avez beaucoup de présidents en France ? a
demandé Lomé.

   – Évidemment, m'a devancé[10] Kita. La France est le pays
20 de la République et de la Déclaration des droits de
l'homme[11].

---

  1   s'écarter: zurückgehen, zurücklehnen
  2   grassouillet/te *adj.*: rundlich
  3   murmurer: murmeln
  4   dormir tête-bêche: gegenüberliegend, Kopf an Fuß, schlafend
  5   le matelas: Matraze
  6   soudain/e *adj.*: plötzlich
  7   enjamber: übersteigen
  8   l'équilibriste *m./f.*: Balancierkünstler/in
  9   à deux reprises *f. pl.*: *ici* deux fois
10   devancer: zuvorkommen
11   les droits *m. pl.* de l'homme *m.*: Menschenrecht

Elle était fière de sa réponse et gonflait sa poitrine[1]. Ce qu'elle peut être bêcheuse[2] !

– Et nous, nous ne sommes pas des hommes ? a encore demandé Lomé.

Après un silence de quelques secondes, et devant l'embarras[3] de Kita, j'ai répondu :

– Bien sûr que non, voyons ! Vous êtes des filles !

Lomé a paru rassurée[4], et moi j'étais ravi[5] d'avoir cloué le bec[6] à Kita.

J'ai entendu des sanglots[7] dans la chambre des parents des filles. J'ai passé la tête par la porte restée entrouverte.

Le père de Kita et de Lomé tenait sa femme par les épaules[8]. Sa main tapotait[9] doucement le bras de son épouse[10]. Ils étaient assis sur le lit et me tournaient le dos.

Pourquoi pleurent[11]-ils ? Ils ne sont pas bien chez nous ?

Je me suis éloigné sur la pointe des pieds[12].

– Combien de temps vont-ils rester ? ai-je demandé à ma mère.

---

1   la poitrine: Brust
2   bêcheur/-euse *adj.*: altklug
3   l'embarras *m.*: Verlegenheit
4   paraître rassuré/e *adj.*: beruhigt scheinen
5   être ravi/e: begeistert sein
6   clouer le bec: *fig.* das Maul stopfen
7   le sanglot: Schluchzen
8   l'épaule *f.*: Schulter
9   tapoter: tätscheln
10 l'épouse *f*: la femme mariée
11 pleurer: weinen
12 la pointe des pieds *m. pl.*: Zehenspitze

– Je ne sais pas. Ça dépendra[1] des suites[2] de leurs démarches[3]. L'avocat de l'association s'occupe de leur cas[4]. Ils sont entre de bonnes mains.

J'ai retrouvé les filles dans ma chambre.

5   – Alors ? a dit Kita.

– Alors ? a renchéri[5] Lomé.

– Vous en avez de la chance ! Un avocat s'occupe de vous.

Kita et Lomé ont souri.

10   J'ai prié intérieurement[6] pour que l'avocat m'en débarrasse[7] le plus vite possible.

Papa est nerveux. Je le vois au tic[8] qui agite[9] le coin de son œil gauche.

Nous sommes tous dans le salon, sauf[10] les filles qui 15 prennent leur bain ensemble.

Je reste un peu en retrait[11]. Je ne voudrais pas qu'on me dise de partir. Je veux écouter.

– Voilà, commence mon père, une rumeur[12] court…

Il s'arrête. Son tic s'emballe[13]. Maman et les parents des 20 filles se taisent.

---

1   dépendre de: abhängen von
2   la suite: Folge
3   la démarche: Vorgehensweise
4   le cas: Fall
5   renchérir: bekräftigen
6   prier intérieurement *adv.*: insgeheim beten
7   débarrasser: *hier* befreien
8   le tic: Tick, Zucken
9   agiter: in Unruhe versetzen
10   sauf *prép.*: außer
11   rester en retrait *m.*: im Hintergrund bleiben
12   la rumeur: Gerücht
13   s'emballer: perdre contrôle *m.*

– La préfecture a des quotas[1] à respecter, reprend papa. On parle de plus en plus d'arrestations et d'expulsions[2]. Il va falloir être prudents[3].

Je ne résiste pas, je demande :

– C'est quoi, au juste, des quotas ?   5

Papa me regarde, visiblement agacé[4] par mon intervention [5].

C'est le moment que choisissent les filles pour faire leur apparition[6], les cheveux ruisselants[7] d'eau et des serviettes nouées[8] sous leurs aisselles[9].   10

– C'est nous ! s'exclame[10] Kita.

Lomé aimerait regarder la télévision toute la journée. Sa mère le lui défend[11]. Son père la menace d'une punition[12] si jamais elle désobéit[13].

– On est en France, ici ! On est libres ! s'écrie-t-elle.   15

Ses parents éclatent[14] de rire.

Qu'ont-ils tous à fondre[15] devant les filles comme du caramel au soleil ?

Le téléphone sonne. Papa décroche[16].

1   le quota: Quote
2   l'expulsion *f.*: Ausweisung
3   prudent/e *adj.*: vorsichtig
4   agacé/e *adj.* ≠ content/e *adj.*
5   l'intervention *f.*: Einwurf.
6   l'apparition *f.*: Erscheinen
7   ruisselant/e *adj.*: tropfnass
8   la serviette nouée: geknotetes Handtuch
9   l'aisselle *f.*: Achselhöhle
10 s'exclamer: ausrufen
11 défendre: verbieten
12 menacer d'une punition: Strafe androhen
13 désobéir: ungehorsam sein
14 éclater: ausbrechen
15 fondre: (dahin)schmelzen
16 décrocher: abheben

– Allô ! Bonjour… C'est le président de l'association, prévient-il[1] en mettant une main sur le combiné[2]. Il la retire aussitôt[3] avant de reprendre : Nous attendions votre appel…

Les parents des filles sont tendus[4]. Leur père serre[5] entre
5 ses doigts le cahier dans lequel il écrit. Leur mère passe plusieurs fois la langue[6] sur ses lèvres.

– Bien, bien… répète plusieurs fois papa.

Il raccroche[7].

– Le tribunal[8] a confirmé le premier jugement[9]. L'avocat
10 va faire appel[10], annonce mon père dans un silence glacial[11].

Aujourd'hui la mère de Kita et Lomé a préparé le repas. Elle a concocté[12] un plat traditionnel de son pays.

Elle me sert.

Je plonge[13] ma fourchette dans un mélange de riz, de
15 sauce et de viande.

– Doucement[14], c'est peut-être un peu…

Elle n'a pas le temps d'achever[15] sa phrase. J'enfourne[16] la bouchée. Deux secondes plus tard, mon palais[17], mes joues et ma langue sont en feu.

1   prévenir: *ici* dire, informer
2   le combiné: Telefonhörer
3   aussitôt *adv.*: sogleich
4   tendu/e *adj.*: angespannt
5   serrer: einklemmen
6   la langue: *hier* Lippe
7   raccrocher: einhängen
8   le tribunal: Gericht
9   le jugement: Urteil
10 faire appel *m.*: Berufung einlegen
11 glacial/e *adj.*: eisig
12 concocter: *fam.* ausbrüten
13 plonger: eintauchen
14 doucement *adv.*: vorsichtig
15 achever: terminer, finir
16 enfourner: *fam.* manger
17 le palais: *hier* Gaumen

Kita fait la tête[1]. Nous avons eu des mots. Elle veut lire et garder la lumière allumée. Lomé dort déjà à poings fermés[2]. J'ai collège demain et j'ai sommeil[3].

    – Éteins[4] ! dis-je pour la troisième fois et d'une voix beaucoup plus forte.   5

    – Non, refuse-t-elle. Je veux lire.

    – Si c'est comme ça, sors de ma chambre.

Kita se lève d'un bond[5].

Elle porte un de mes pyjamas trop long pour elle et je ne peux pas m'empêcher[6] de ricaner[7]. Elle part, furieuse.   10

Le lendemain[8] quand le réveil sonne, Kita est dans son lit, endormie.

J'enjambe les filles en essayant de faire le moins de bruit possible.

Au moment où je passe au-dessus de Kita, j'entends une   15 petite voix qui dit :

    – Pardon pour hier soir… Je suis une idiote.

Pourquoi ses excuses m'agacent[9]-elles autant ?

Je sors sans un mot.

– Vous êtes ici depuis trop longtemps. Il est plus prudent   20 d'aller dans une autre famille d'accueil[10]. Le président a tout arrangé. Vous êtes attendus pour la fin de la semaine.

---

1   faire la tête: schmollen
2   dormir à poings *m. pl.* fermés: *expr.* tief schlafen
3   avoir sommeil *m.*: être fatigué/e *adj.*
4   éteindre: Licht ausschalten
5   se lever d'un bond: abrupt aufstehen, aufspringen
6   empêcher: *hier* verkneifen
7   ricaner: rire d'une manière stupide
8   le lendemain: le jour après
9   agacer: énerver
10 d'accueil *m.*: Gast-

Papa nous a réunis dans le salon. Les filles se taisent. Leur mère baisse[1] la tête. Maman avale sa salive[2].

Je sens de la colère monter en moi alors que[3] je devrais être aux anges[4].

5 – S'il le faut, dit simplement le père de Kita et Lomé.

– Oui, répond le mien, laconique[5].

Kita s'avance vers moi. Elle a dissimulé[6] ses mains derrière son dos.

– Tiens, dit-elle.

10 Elle tend soudain les bras devant elle.

Elle a entre ses doigts[7] une poupée africaine vêtue[8] d'habits chamarrés[9]. C'est sa préférée, je la reconnais.

Je rougis.[10] C'est la première fois qu'on m'offre une poupée.

15 – Merci… je balbutie[11], ne sachant quoi dire de plus.

Je ne fais pas le moindre geste pour m'en saisir.

– C'est ma poupée chérie, dit-elle. Avant de partir je veux t'en faire cadeau.

– Pourquoi ? Garde-la, tu l'aimes tant.

20 – À quoi sert de faire des cadeaux si ça ne compte pas ? Papa dit toujours qu'un cadeau doit venir du cœur et pas de la raison[12]. Tu n'es pas d'accord ? demande Kita.

---

1 baisser: *hier* beugen
2 avaler sa salive *f.*: Speichel schlucken
3 alors que *conj.*: obwohl
4 être aux anges *m. pl.*: *expr. fam.* im siebten Himmel sein
5 laconique *m./f. adj.*: kurz und knapp
6 dissimuler: cacher
7 le doigt: Finger
8 vêtu/e *adj.*: habillé/e *adj.*
9 chamarré/e *adj.*: verziert
10 rougir: devenir rouge *m./f. adj.*
11 balbutier: stottern
12 la raison: *hier* Vernunft

Je prends la poupée. Je me demande à quoi je ressemble[1] avec ce truc dans les mains. Je suis touché mais j'ai honte. Je serre les dents pour ne rien laisser transparaître[2].

Lomé me fait un câlin[3]. Demain, elle et sa famille partiront chez d'autres membres[4] de l'association. Pourtant je ne suis pas aussi satisfait que je devrais l'être. Je dois me ramollir[5]… 5

– Tu es mon premier amour, dit-elle d'une voix hésitante[6].

Mon estomac se contracte[7]. C'est n'importe quoi ![8] Vite, trouver une parade[9].

– Lomé, dis-je d'une voix sourde[10], tu as six ans… Tu ne 10 crois pas que tu as le temps d'être amoureuse ?

Parler de ça avec une fille, même petite, me fait une drôle d'impression.

Lomé s'écarte. De ses yeux les larmes[11] débordent[12].

– Les Blancs ne comprennent rien à l'amour ! crie-t-elle 15 en sanglotant[13] de plus belle[14].

Que c'est agaçant à la fin le don[15] qu'elle a de me bouffer[16] la vie et de me mettre mal à l'aise[17] !

---

1   ressembler à qn/qc: jmd/etw. ähneln
2   transparaître: sichtbar werden
3   faire un câlin à qn: mit jdm schmusen
4   le membre: Mitglied
5   ramollir: *hier* sich lockern
6   hésitant/e *adj.*: zögernd
7   l'estomac *m.* se contracte: der Magen verkrampft sich
8   n'importe quoi!: *fam.* Unsinn!
9   la parade: Entgegnung
10   sourd/e *adj.* ≠ fort/e *adj.*
11   la larme: Träne
12   déborder: stark fließen
13   sangloter: schluchzen
14   de plus belle: *expr.* hoch heftiger
15   le don: Gabe
16   bouffer la vie: *fam.* Leben schwer machen
17   mal à l'aise *m.*: unbehaglich fühlen

Samedi matin, nous prenons notre petit déjeuner en famille.

Nous sommes sept autour de la table de la cuisine. C'est un petit déjeuner de fête. Maman a bien fait les choses. Nous les enfants, nous dévorons[1]. Les parents des filles
5 picorent[2]. Les miens font de leur mieux pour ne pas paraître affectés[3].

– Nous avons été très heureux de vous accueillir. Quoi qu[4]'il arrive plus tard, il faut que vous sachiez que nous serons toujours prêts à vous recevoir à nouveau, dit papa.
10 – Oui, merci… soupire le père de Kita et Lomé. Et il ajoute : C'est sûr, nous aurons bientôt nos papiers.

S'ensuit[5] un long et pesant[6] silence.

Les valises[7] sont prêtes. Dans moins d'une demi-heure, le président de l'association va venir les chercher.
15 Mes parents et ceux des filles sont dans le salon. Ils se font leurs adieux.

Les filles et moi partageons ces ultimes[8] moments ensemble.

– On se reverra ? me demande Kita.
20 Je l'aide à porter sa valise et celle de sa sœur dans l'entrée.

– Oui, dis-je.

Plus hypocrite[9] que moi, tu meurs.

– Menteur[10] ! s'exclame-t-elle.

---

1 dévorer: *ici* bien manger
2 picorer: ne pas manger beaucoup
3 affecté/e *adj.*: betroffen, berührt
4 quoi que … *conj.*: was auch immer …
5 s'ensuivre: darauf folgen
6 pesant/e *adj.*: drückend
7 la valise: Koffer
8 ultime *m./f. adj.*: dernier/-ière *adj.*
9 hypocrite *m./f. adj.*: heuchlerisch
10 le/la menteur/-euse: Lügner/in

Son sourire est lumineux[1].

Le mien, je le sens, est piteux[2].

Le soir, je retrouve ma chambre. Il y flotte[3] encore l'odeur[4] diffuse[5] du parfum dont les filles s'aspergeaient[6] le matin dès le réveil[7].

Je ne sais pas pourquoi, mais le vide qu'elles ont laissé me pèse[8].

Quand Kita et Lomé étaient là, elles me tapaient sur le système[9]. Maintenant qu'elles sont parties, j'éprouve[10] un vide soudain. Je me console[11] en me disant que ça me passera vite.

Je finis par me coucher.

En posant la tête sur l'oreiller[12] je sens qu'il y a quelque chose dessous. Je me redresse[13] et le soulève[14].

C'est une feuille sur laquelle est dessiné un cœur percé[15] d'une flèche[16]. De part et d'autre de cette flèche sont inscrits le prénom de Lomé et le mien.

En dessous du cœur, Lomé a écrit dans une calligraphie impeccable: Pour la vie.

1   lumineux/-euse: *adj.*: strahlend
2   piteux/-euse *adj.*: jämmerlich
3   flotter: in der Luft liegen
4   l'odeur *f.*: Geruch
5   diffus/e *adj.*: zerstreut
6   s'asperger: sich besprühen
7   dès *prép.* le réveil: vom Aufwachen an …
8   peser: *fig.* bedrücken
9   taper sur le système: *expr. fam.* énerver
10 éprouver: sentir
11 se consoler: sich trösten
12 l'oreiller *m.*: Kopfkissen
13 se redresser: sich aufrichten
14 soulever: emporheben
15 percé/e *adj.*: durchbohrt
16 la flèche: Pfeil

Sujets d'étude

A Pendant la lecture

1. Travaillez à deux. Relevez et notez les informations
   a) sur la famille d'accueil.
   b) sur les hôtes.
   c) Présentez-les après.
2. « On a si honte parfois … » (p. 135, l. 14). Imaginez les réflexions du père.
3. (p. 137–139) Mettez vous à la place du garçon. Comment auriez-vous réagi?
4. (p. 140–141) Mettez vous à la place de Kita et rédigez un petit texte d'un journal intime qui traite de cette situation.

B Après la lecture

1. Comparez la situation et l'état d'âme du garçon au début et à la fin de la nouvelle.
2. Commentez le comportement du garçon.
3. Choisissez six situations de la nouvelle pour en faire un roman-photo.

Annexe

Qui s'indigne contre quoi?

nom	action	but	type de l'acte (1)
le père de Lucian			
Ménahem			
Louise			
Falah			
Corentin			
la mère de Lé			
Bouli			
Les parents accueillant la famille de Kita et Lomé			
Stéphane Hessel (voir p. 160–162)			

Sujets d'études

À l'aide des nouvelles que vous avez lues et de vos recherches sur Internet (www.desobeir.net), remplissez un tableau comme ci-dessus:

a) Décrivez l'action réalisée et son but.

b) Qualifiez l'acte de désobéissance (1) que vous avez examiné à l'aide des adjectifs suivants: direct ≠ indirect / agressif ≠ pacifique / actif ≠ passif / brave ≠ sans risques / dangereux ≠ sans danger / spectaculaire ≠ modeste / éclatant ≠ tranquille / public ≠ privé, clandestin / légal ≠ illégal / seul ≠ collaboratif / singulier ≠ durable

Le Manifeste des Désobéissants

Bonjour à tous,

Nous sommes un certain nombre à penser que la situation inquiétante[1] de notre planète nous impose de retrouver le chemin de formes d'action et de lutte plus efficaces[2] et plus radicales. Nous croyons que la réalité des rapports de force que nous subissons[3] en matière de nucléaire civil et militaire, de protection de l'environnement contre les pratiques de certaines multinationales[4], de mondialisation de l'injustice sociale, etc. exigent de renouer[5] avec une culture de la désobéissance civile/ civique, de l'action directe non-violente, du refus radical et ludique[6].

Conscients des limites liées aux modes traditionnels de mobilisation (pétitions, manifestations...), qui ne nous valent que de trop rares victoires, et n'attirent plus guère[7] les nouvelles générations de militants[8], nous avons décidé de former un réseau[9] informel de militants de l'action directe non-violente. Parce que nous voulons nous battre pour la défense de la vie et de la justice sociale, nous avons décidé de nous organiser en un groupe de volontaires et d'activistes prêts à agir de manière directe et non-violente aussi souvent que nécessaire et possible.

---

1 inquiétant/e *adj.*: beunruhigend
2 efficace *m./f. adj.*: wirksam, wirkungsvoll
3 subir qc: etw erleiden, etw erdulden
4 la multinationale: multinationaler Konzern
5 renouer: wiederanknüpfen
6 ludique *m./f. adj.*: spielerisch
7 ne ... guère *adv.*: kaum
8 le/la militant/e: une personne qui participe activement
9 le réseau: Netzwerk

Dans ses concrétisations (stages, rencontres, débats, événements de convergence[1] des luttes), le manifeste des désobéissants est donc une plateforme d'échange et de rencontre autour de la non-violence active et de la désobéissance civile. Il se veut un outil[2] que chacun doit s'approprier[3]. Ainsi, la responsabilisation et l'autonomisation sont favorisées et essentielles pour aller vers une émancipation individuelle et collective tout en développant des solidarités actives.

Nous sommes des faucheurs d'OGM[4], des démonteurs[5] de panneaux publicitaires, des clowns activistes, des dégonfleurs[6] de 4X4 de ville, des inspecteurs citoyens[7] de sites nucléaires, des intermittents du spectacle[8], des activistes écologistes, des hébergeurs de sans-papiers[9], etc. Nous pensons que nos luttes et nos méthodes relèvent d'une dynamique altermondialiste[10] plus indispensable[11] que jamais, et que c'est ensemble, et dans l'action directe non violente, que nous rendrons possible la transformation radicale de notre société, et de ce fait notre survie à tous dans un monde redevenu vivable.

En espérant vous compter nombreux parmi nous !

Le collectif initiateur du Manifeste des Désobéissants /
www.desobeir.net / www.desobeir.net/le-collectif/le-manifeste/

---

1 la convergence: *hier* Zusammenführung
2 l'outil *m.*: Werkzeug
3 s'approprier: sich aneignen
4 le faucheur d'Organisme *m.* Génétiquement Modifié: diejenigen, die gentechnisch veränderte Pflanzen abmähen
5 le démonteur: derjenige, der … abmontiert
6 le dégonfleur: derjenige, der die Luft ablässt aus …
7 l'inspecteur *m.* citoyen: Kontrolleur aus der Bürgerschaft
8 l'intermittent du spectacle: der auf Produktionsdauer Beschäftigte
9 l'hébergeur *m.* de sans-papiers *m. pl.*: derjenige, der Einwanderer ohne Aufenthaltsberechtigung beherbergt…
10 altermondialiste *m./f. adj.*: globalisierungsfeindlich
11 indispensable *m./f. adj.*: unumgänglich

Sujets d'études

1. Relevez les données essentielles du texte
   (but – contexte – propositions).
2. Quelques activités envisagées dans le Manifeste
   font penser aux nouvelles. Décrivez les points en
   commun.

Stéphane Hessel
Extrait de « Indignez-vous! »

Le motif de la base de la résistance était l'indignation[1]

On ose nous dire que l'État ne peut plus assurer les coûts de ces mesures citoyennes[2]. Mais comment peut-il manquer aujourd'hui de l'argent pour maintenir et prolonger ses conquêtes[3] alors que la production de richesses a consi- 5
dérablement augmenté depuis la Libération[4], période où l'Europe était ruinée? Sinon[5] parce que le pouvoir de l'argent, tellement combattu[6] par la Résistance, n'a jamais été aussi grand, insolent[7], égoïste, avec ses propres servi-
teurs jusque dans les plus hautes sphères[8] de l'État. Les 10
banques désormais[9] privatisées se montrent d'abord sou-
cieuses de leur dividende, et des très hauts salaires de leurs dirigeants, pas de l'intérêt général. L'écart entre les plus pauvres et les plus riches n'a jamais été aussi important ; et la course à l'argent, la compétition, autant encouragée. 15

Le motif de la base de la Résistance était l'indignation. Nous, vétérans des mouvements de Résistance et des forces combattantes de la France libre, nous appelons les jeunes générations à faire vivre, transmettre, l'héritage[10] de la Résistance et ces idéaux. Nous leur disons : prenez le relais[11], 20
indignez-vous! Les responsables politiques, économiques,

---

1 l'indignation *f*.: Empörung, Entrüstung
2 les mesures *f. pl.* citoyennes: Staatsbürgerliche Werte
3 prolonger les conquêtes *f. pl.*: hier Errungenschaft weiterführen
4 la Libération: Befreiung Frankreichs vom nationalsozialistischen Regime
5 sinon *conj.*: wenn nicht
6 combattre: bekämpfen
7 insolent/e *m./f. adj.*: unverschämt
8 la sphère: Wirkungsfeld
9 désormais *adv.*: mittlerweile
10 transmettre l'héritage *m*.: das Erbe übergeben
11 prendre le relais: *fig.* Nachfolge antreten

intellectuels et l'ensemble de la société ne doivent pas dé-
missionner, ni se laisser impressionner par l'actuelle dicta-
ture internationale des marchés financiers qui menace la
paix et la démocratie.

5   Je vous souhaite à tous, à chacun d'entre vous, d'avoir
votre motif d'indignation. C'est précieux. Quand quelque
chose vous indigne comme j'étais indigné par le nazisme,
alors on devient militant, fort et engagé. On rejoint ce
courant[1] de l'Histoire et le grand courant de l'Histoire doit
10 se poursuivre grâce à chacun. Et ce courant va vers plus de
justice, plus de liberté mais pas cette liberté incontrôlée du
renard dans le poulailler[2]. (…)

    L'indifférence[3]: la pire des attitudes

    C'est vrai, les raisons de s'indigner peuvent paraître
15 aujourd'hui moins nettes[4] ou le monde trop complexe: Qui
commande, qui décide?

    Il n'est pas toujours facile de distinguer[5] entre tous les
courants qui nous gouvernent. Nous n'avons plus affaire à
une petite élite dont nous comprenons clairement les agis-
20 sements[6]. C'est un vaste monde dans nous sentons bien
qu'il est interdépendant[7]. Nous vivons dans une interconnectivité[8] comme jamais encore il n'en a existé. Mais dans
ce monde, il y a des choses insupportables. Pour les voir, il
faut bien regarder, chercher. Je dis aux jeunes: cherchez un
25 peu, vous allez trouver. La pire des attitudes est l'indifférence, dire « je n'y peux rien, je me débrouille[9] ». En vous

---

1 le courant: Strom, Lauf
2 le renard dans le poulailler: *fig.*: Fuchs im Hühnerstall
3 l'indifférence *f.*: Gleichgültigkeit
4 paraître … net/te *adj.*: klar, deutlich erscheinen
5 distinguer: unterscheiden
6 les agissements *m. pl.*: Machenschaften
7 interdépendant/e *m./f. adj.*: voneinander abhängig
8 l'interconnectivité *f.*: gegenseitige Verbundenheit, Abhängigkeit
9 se débrouiller: sich durchschlagen

comportant ainsi, vous perdez l'une des composantes[1] essentielles qui fait l'humain. Une des composantes indispensables[2] : la faculté d'indignation et l'engagement qui en est la conséquence.

On peut déjà identifier deux grands nouveaux défis[3] : 5

1. L'immense écart qui existe entre les très pauvres et les très riches et qui ne cesse[4] de s'accroître[5] (...)

2. Les droits de l'homme et l'état de la planète.

Montpellier : Indigène éditions, collection « Ceux qui marchent contre le vent », 2010, 32 pages (p. 11–12 ; 14–15)

Sujets d'études

1. Au début, l'auteur fait référence à des valeurs de la démocratie moderne. Relevez ces valeurs.

2. a) Expliquez les liens que l'auteur tisse entre (l'époque de) la Résistance et la réalité d'aujourd'hui.

   b) Relevez la conclusion que l'auteur en tire.

3. a) Justifiez *les deux grands nouveaux défis* à l'aide d'exemples concrets.

   b) Est-ce ces défis sont vraiment actuels? Discutez-en.

---

1 la composante: l'élément *m.*
2 indispensable *m./f. adj.*: unentbehrlich
3 le défi: Herausforderungen
4 cesser: arrêter
5 s'accroître: steigern, zunehmen

Laurent Lalo
Désobéissance

Illustration: Cornelsen Schulverlage / Laurent Lalo

Sujets d'études

1. Décrivez le dessin.
2. Étudiez (de façon critique) le slogan « VENTES D'ARMES AUJOURD'HUI = GUERRES DEMAIN ».
3. Faites une recherche sur la production des technologies d'armement dans votre région et comparez vos résultats.
4. Deux jeunes participants à cette manifestation répondent aux questions d'un journaliste. Préparez une petite interview et présentez-la en classe.
5. Présentez une organisation qui s'engage contre l'export des technologies d'armement en vous basant sur le site: http://www.waffenexporte.org/category/organisationen-ngo/

Interview de Christophe Léon
Dirk Philipp

Comment l'idée de publier ses nouvelles est-elle née?
Je m'intéresse depuis longtemps à la désobéissance civile
et civique[1], qui sont les formes d'une résistance citoyenne
nécessaire à la société et à son évolution. Les actions de désobéissance que mes jeunes « héros » entreprennent dans   5
ce recueil[2] sont réellement pratiquées dans la « vraie vie ».
Je souhaitais mettre en évidence[3] le fait que chacun de
nous, à son niveau, puisse s'opposer pacifiquement à des
lois, des diktats économiques ou encore des situations qu'il
considère arbitraires[4], injustes ou nuisibles[5] à la commu-   10
nauté.

**Certaines de ces nouvelles vous concernent-elles plus
particulièrement? Si oui, laquelle ou lesquelles et
pourquoi?**
Toutes les nouvelles me concernent, comme j'aimerais   15
qu'elles concernent une grande partie d'entre nous. Le handicap, la détérioration[6] de la biodiversité, le matraquage[7]
publicitaire, la vivisection[8] et le droit animal, le mal-logement [9], l'homophobie[10], etc., sont des sujets dont nous devons prendre possession sans attendre. Il n'y a pas d'âge   20
pour désobéir et dénoncer une société où l'économie et l'in-

---

1 civique *m./f. adj.*: staatsbürgerlich
2 le recueil: Sammelband
3 mettre en évidence *f.*: accentuer, montrer clairement
4 arbitraire *m./f. adj.*: willkürlich
5 nuisible *m./f. adj.*: schädlich
6 la détérioration: Verschlechterung
7 la matraquage: Dauerberieselung
8 la vivisection: operativer Eingriffe am lebenden Organismus
9 Le mal-logement: schlechte Wohnverhältnisse
10 l'homophobie *f.*: Feindseligkeit gegenüber Homosexuellen

dividualisme acharné ont pris le pas sur l'humain. Dans chacune de ces nouvelles, j'ai mis un peu de moi, et, je l'espère, un peu (beaucoup?) de notre conscience commune.

Quelles ont été les réactions de vos lecteurs/lectrices
5 **après la publication de « Désobéis! »? Y a-t-il des aspects enrichissants pour vous?**
Les réactions sont diverses et le plus souvent favorables au thème de la désobéissance qu'il faut souvent expliquer. D'un côté, des lecteurs adolescents qui découvrent certaines
10 réalités et, naturellement, s'insurgent[1]. Et d'un autre, ceux qui me disent que la société est telle qu'elle est et que nous n'y pouvons rien. Dans tous les cas, cela entraîne une réflexion collective et des débats souvent passionnés à l'occasion de rencontres dans les classes.

15 **Étiez-vous désobéissant à l'âge de Falah ou de Louise? Pourriez-vous raconter pourquoi (pas) et comment?**
Non. Au moins cela prouve qu'on peut le devenir en vieillissant. Je suis d'un milieu plutôt favorisé, et j'ai passé toute mon enfance à Saint-Tropez, au soleil et la plage, dans une
20 certaine insouciance. À cette époque, les adultes ne faisaient pas encore peser sur[2] les épaules des enfants le poids de leurs problèmes. La télévision et les écrans n'avaient pas envahi notre imaginaire, le mercantilisme[3] à outrance[4] et le dogme de l'argent roi commençaient à peine à émerger[5],
25 les valeurs étaient ailleurs. La vie était peut-être plus douce, je ne sais pas. Je n'ai pris conscience de mon devoir de dé-

---

1 s'insurger: se rebeller
2 faire peser sur qc: *fig.* aufladen
3 le mercantilisme: *hier* Wirtschaftsmacht
4 à outrance *adv.*: übermäßig, ekzessiv
5 émerger: sich zeigen, zutage treten

sobéissance qu'à l'âge adulte, progressivement, grâce à des rencontres et à des lectures.

Comment voyez-vous les adolescents d'aujourd'hui?

Noyés[1] dans le matérialisme et sous la domination de la technique à outrance. Mais heureusement pas tous! 5 L'inquiétant est que, nous adultes, nous ne soyons pas en mesure de proposer à nos enfants autre chose que de la té-lé-réalité, des valeurs basées sur l'argent et l'économie de compétition, autre chose que Google ou le FMI[2]. Que nous ne soyons pas capables de les inciter à désobéir et à dire 10 non pour grandir. Nous sommes responsables du monde dont héritent[3] les jeunes générations. En fin de compte, j'en suis persuadé, la solution est dans l'éducation et la culture, donc dans la désobéissance ...

Sujet d'études

Rédigez pour votre journal d'école sous la rubrique « Neue Autoren und ihre Werke » un article de maximum 500 mots dans lequel vous présentez le recueil de nouvelles *Désobéis!* et les idées clés de cette interview.

---

1 être noyé/e: *fig.* überfordert
2 le Fonds Monétaire International (FMI): Internationaler Währungsfond (IWF)
3 hériter qc: etw. erben

Irie Révoltés
Allez!

Weltweit sind Menschen, die protestiern,
denn von oben nach untern wird globalisiert,
Gewinner, Verlierer von Märkten diktiern,
immer mehr merken, dass es so nicht funktioniert.

5 Wann, wenn nicht jetzt und wo, wenn nicht hier,
wer, wenn nicht wir, wir ham nichts zu verliern,
Zeit für was Neues, für neue Ideen,
also Leute auf geht's, gemeinsam: „ ALLEZ! "

Allez! Allez! (X3)
10 dans tous les coins du monde
c'est la veille[1] d'une explosion
partout y a des gens qui ont de la colère
ils sont plus prêts à vivre dans la misère
crise des systèmes, crise financière
15 les gens se révoltent, ils se laissent plus faire

ALLEZ tu peux créer un changement
déjà perdu assez de temps

il faut pas hésiter – fait le premier pas
ici, aujourd'hui, maintenant, et là-bas
20 nous tous ensemble, toi, lui, elle et moi
on va avancer – allez – on y va!

Allez! Allez! (X3)
on va tous les chanter – ouais on est prêt

---

1 la veille: le jour avant

on va pas plaisanter[1]!
on va tous avancer – ouais on est prêt
on va pas plaisanter! on est prêt à bouger

Allez, wir bauen jetzt Druck auf,
schlagen Alarm aus dem Funkhaus.   5
Allez, uns geht nie die Luft aus,
bringen unsre Message weltweit in Umlauf.

Wir rennen, wir kennen keinen Stillstand,
neue Ideen sprengen jeden Bildrand.
Zusammen verlassen wir den Holzweg,   10
geben nicht auf, bis die Welt auf dem Kopf steht.

Allez! Allez! (X3)

www.magistrix.de/lyrics/Irie%20R%C3%A9volt%C3%A9s/
Allez-1171014.html
aus Carlos Charlemoine, Pablo Charlemoine, Andreas Spreier,
Felix Mussell, 2013

Sujets d'étude

1. a) Relevez la situation présentée dans la chanson
      et les réactions que cette situation produit.
   b) Dégagez l'appel de la chanson.
2. Mettez le message de la chanson en relation avec
   les nouvelles de *Désobéis!*.
3. Faites une recherche sur *Irie Révoltés* et présentez
   vos résultats
4. Commentez la phrase « Zeit für was Neues, für
   neue Ideen …» (p. 167, l. 7)

---

1 plaisanter: s'amuser